［過去問］

2024
昭和女子大学附属 昭和小学校
入試問題集

・問題内容についてはできる限り正確な調査分析をしていますが、入試を実際に受けたお子さんの記憶に基づいていますので、多少不明瞭な点はご了承ください。

Shinga-kai

昭和女子大学附属昭和小学校

過去５年間の入試問題分析
出題傾向とその対策

2023年傾向

一般入試では、ペーパーテスト、集団テストが行われました。昨年度に続いて集団テストの行動観察も行われ、コミュニケーション能力や表現力を重要視していることがうかがえました。特別入試では、従来通り親子間のコミュニケーションを通したかかわりが見られました。

傾　向

附属の幼稚園が保育園機能を持つこども園となり、小学校もアフタースクールを充実させるなど仕事を持つ母親を応援する姿勢を鮮明に打ち出している昭和女子大学附属昭和小学校では、出願者の増加傾向が続いています。例年、第一志望者を対象とする特別入試が11月１日、一般入試が11月２、３日に行われています。特別入試と一般入試の併願は可能で、一般入試でも２日、３日の２回受験が可能など、受験機会の多さも特徴です。なお、特別入試の受験を希望する場合は、８月末に行われる「特別入試説明会」に参加し、当日配付される願書の入手が必要です。一般入試は、出願時に２日か３日の受験希望日の申し出が可能です。考査内容は、特別入試では集団テストと親子面接が行われていましたが、2022、2023年度の面接は保護者のみとなりました。例年、集団テストの中で親子課題があるのが特徴で、親子で協力して行うドミノ遊びやカード制作、親子でお話を考えて紙芝居を作る課題などが出されています。親子のかかわりや家庭の雰囲気だけでなく、子どもが自発的に楽しく活動できるかどうかも見られているようです。子どものみの集団テストでは、集団ゲームや共同制作などを通してお友達とのかかわりが見られています。一般入試では、個別テスト、集団テスト、年度によっては運動テストが行われていましたが、2022、2023年度は個別テストは行われませんでした。また、2020年度よりペーパーテストも加わり、話の記憶、話の理解、数量、推理・思考、模写などが出題されています。集団テストでは、2021年度はありませんでしたが、例年グループでの活動がいくつか行われています。指示を与えられてプラスチックのレールやブロック、パズル、絵カードなどを使い共同で行う課題やゲーム、また共同制作や鉢巻きを使った生活習慣の課題なども行われています。個別テストでは、言語や常識が出題されています。2022、2023年度の面接は特別入試、一般入試とも保護者のみで行われましたが、2021年度まで特別入試は親子で、一般入試は保護者のみで行われていました。質問項目は多くはありませんが、学校への理解や、親子のかかわり、家庭の様子を見るものといえるでしょう。また、特別入試、一般入試とも、保護者に向けて校長から学校への理解を求める講話があり、両親それぞれへ入学にあたっての了承事項を確認するための署名が求められるのも特徴です。

対　策

2020年度から一般入試に新たに加わったペーパーテストでは、話の記憶、数量、推理・思考、観察力とさまざまな項目が出題されますが、いずれも指示をきちんと聞き、しっかり見る力が必要な課題といえます。端から丁寧に見て順序よく数える、左右を見比べて位置を特定する、指示を聞きながら同じものを素早く見つけるなど、基本的な力を着実に身につけていきましょう。模写や迷路に必要な運筆では、正しい筆記用具の持ち方や姿勢を意識し、点と点をしっかり結ぶ、なぞる、周りの線にぶつからないように線を引くなどの基本ができているかを確認してください。集団テストでは、グループに分かれての活動が何種類か行われるのが特徴で、指示に従ってみんなで協力して行う課題が与えられます。自分の意見を言うことも大事ですが、お友達の話を聞いて意見を取り入れていく柔軟性や協力する姿勢、我慢強さがあるか、そして好奇心を持って楽しく遊べるかが見られます。普段からいろいろなお友達とかかわる機会を設け、実践的なコミュニケーションの経験を積んでいくことが重要です。巧緻性や生活習慣の課題への対策としては、はしの扱いだけでなくシールやひも、輪ゴム、はさみやクリップなど身近な文具を扱う際の手先の作業力もポイントです。幼稚園や保育園の登園準備や着替え、片づけなど、身の回りのことを自分ですることで、自然に身につけていきましょう。個別テストの言語の対策としては、親が聞き上手となり、子どもが自信を持って自分の意見を言えるようにしておきましょう。また日常生活の中で、交通マナーや道徳、集団活動で大切なことなどをしっかり理解させ、自ら判断する力を養っておくことも大切です。学校説明会では、「しっかり話を聞いて正しく理解することが学習の始まり」とのお話がありました。入学後の生活を見据え、集団の中で落ち着いて指示を聞き、素直に取り組む姿勢が身についているかがポイントといえるでしょう。特別入試の親子課題では、両親と子ども3人の活動の様子が見られます。日ごろから一緒に制作をしたりゲームで遊んだりして、子どもとの会話を心掛け、考査でも自然な振る舞いができるようにしておくとよいですね。特別入試、一般入試とも、学校説明会に足を運ぶなどして学校への理解を深め、教育方針への共感や入学後の協力姿勢が伝わるよう願書の書き方を工夫し、面接でも簡潔に答えられるようにしておきましょう。

年度別入試問題分析表（一般入試）

【昭和女子大学附属昭和小学校】

	2023	2022	2021	2020	2019	2018	2017	2016	2015	2014
ペーパーテスト										
話	○	○	○	○						
数量	○	○	○	○						
観察力			○							
言語										
推理・思考	○	○		○						
構成力										
記憶										
常識		○	○							
位置・置換	○									
模写	○		○	○						
巧緻性										
絵画・表現										
系列完成										
個別テスト										
話										
数量										
観察力										
言語			○	○	○					
推理・思考										
構成力										
記憶										
常識				○						
位置・置換										
巧緻性										
絵画・表現										
系列完成										
制作										
行動観察										
生活習慣										
集団テスト										
話										
観察力										
言語										
常識										
巧緻性										
絵画・表現			○							
制作	○									
行動観察	○	○		○	○					
課題・自由遊び										
運動・ゲーム	○			○	○					
生活習慣					○					
運動テスト										
基礎運動			○	○						
指示行動										
模倣体操										
リズム運動				○						
ボール運動										
跳躍運動				○						
バランス運動			○							
連続運動		○								
面接										
親子面接										
保護者(両親)面接	○	○	○	○	○					
本人面接										

※伸芽会教育研究所調査データ

小学校受験Check Sheet

お子さんの受験を控えて、何かと不安を抱える保護者も多いかと思います。受験対策はしっかりやっていても、すべてをクリアしているとは思えないのが実状ではないでしょうか。そこで、このチェックシートをご用意しました。１つずつチェックをしながら、受験に向かっていってください。

✽ ペーパーテスト編

①お子さんは長い時間座っていることができますか。

②お子さんは長い話を根気よく聞くことができますか。

③お子さんはスムーズにプリントをめくったり、印をつけたりできますか。

④お子さんは机の上を散らかさずに作業ができますか。

✽ 個別テスト編

①お子さんは長時間立っていることができますか。

②お子さんはハキハキと大きい声で話せますか。

③お子さんは初対面の大人と話せますか。

④お子さんは自信を持ってテキパキと作業ができますか。

✽ 絵画、制作編

①お子さんは絵を描くのが好きですか。

②お家にお子さんの絵を飾っていますか。

③お子さんははさみやセロハンテープなどを使いこなせますか。

④お子さんはお家で空き箱や牛乳パックなどで制作をしたことがありますか。

✽ 行動観察編

①お子さんは初めて会ったお友達と話せますか。

②お子さんは集団の中でほかの子とかかわって遊べますか。

③お子さんは何もおもちゃがない状況で遊べますか。

④お子さんは順番を守れますか。

✽ 運動テスト編

①お子さんは運動をするときに意欲的ですか。

②お子さんは長い距離を歩いたことがありますか。

③お子さんはリズム感がありますか。

④お子さんはボール遊びが好きですか。

✽ 面接対策・子ども編

①お子さんは、ある程度の時間、きちんと座っていられますか。

②お子さんは返事が素直にできますか。

③お子さんはお父さま、お母さまと３人で行動することに慣れていますか。

④お子さんは単語でなく、文で話せますか。

✽ 面接対策・保護者（両親）編

①最近、ご家族での楽しい思い出がありますか。

②ご両親の教育方針は一致していますか。

③お父さまは、お子さんのお家での生活や幼稚園・保育園での生活をどれくらいご存じですか。

④最近タイムリーな話題、または昨今の子どもを取り巻く環境についてご両親で話をしていますか。

section
2023　昭和女子大学附属昭和小学校入試問題

選抜方法

一般入試と特別入試がある。一般入試の考査は2日間のうち希望する1日で、ペーパーテスト、集団テストを行う。所要時間は約1時間。特別入試は特別入試説明会への参加が条件で、一般入試より前に行われる。考査は1日で、親子課題を含む集団テストを行う。所要時間は約1時間40分。面接はいずれも考査日前の指定日時に保護者面接を行う。

一般入試

ペーパーテスト

筆記用具はクーピーペン（青）を使用し、訂正方法は//（斜め2本線）。出題方法は音声。

1　話の記憶

「サッカーが大好きなタヌキ君は、毎日ドリブルの練習をしています。幼稚園でサッカーが一番上手なキツネ君のように、ドリブルができるようになりたいと思っています。そこでタヌキ君は、今度の日曜日にキツネ君とツクシ公園でサッカーの練習をするお約束をしました。キツネ君は、ほかのお友達も誘ってくれるそうです。タヌキ君は前の日からワクワクしていました。日曜日になりました。外はぽかぽかと暖かく、よく晴れています。タヌキ君はサッカーボールを持って、ツクシ公園に出かけました。公園では、先に着いたキツネ君とネズミ君が待っています。タヌキ君は『キツネ君、今日はありがとう』とお礼を言いました。キツネ君が『どういたしまして。これからブタ君も来るよ。先に練習していようね』と言って、3匹は仲よく練習を始めました。そこへブタ君が『遅れてごめんね。お待たせ』と、大急ぎで走りながらやって来ました。キツネ君は『みんなそろったから始めよう』と言って、遠くまで走っていき『タヌキ君！　タヌキ君！　ここまでおいで』と大きな声で呼びました。『ようし！』タヌキ君がボールをけりながらキツネ君の方へ走り出したそのときです。『ドシーン』タヌキ君は転んでしまいました。『だいじょうぶ？　痛くない？』みんなが心配しています。タヌキ君は頑張って起き上がり、最後まであきらめずにキツネ君のところまでボールをけっていくことができました。『頑張ったね。タヌキ君』とキツネ君が言いました。ネズミ君も『上手になったね』とほめてくれました。しばらくサッカーをして一休みしていると、『ツクシ公園にはツクシがたくさん生えているよ。みんなでツクシ探しをしよう』とブタ君が言いました。『いいよ、楽しそう』とみんな賛成して、ツクシを探すことにしました。そして、ネズミ君は2本、タヌキ君は1本見つけました。探すのがとても上手なブタ君とキツネ君は、それぞれ3本ずつ見つけました。みんなで採ったツクシを並べて、『1、2、3、4、5……』と数えていると、いつの間にか夕方になっていました。暗くなる前にお家に帰らなくてはなりません。『今日は楽しかったね。ありがとう。キツネ君、ネズミ君、ブタ君、またサッカーの練習をしようね』とタヌキ君が言いました。『うん、楽しかったね。またしようね』。動物たちはツクシを持ってお家に帰りました」

・上の左です。サッカーが一番上手だった動物に○をつけましょう。
・上の右です。転んでしまった動物に○をつけましょう。
・下の左です。動物たちが採ったツクシの数を合わせるといくつですか。その数だけ○をかきましょう。
・下の右です。今のお話の季節と仲よしのものに○をつけましょう。

2 位置の移動

・ネズミが上に2つ、右に3つ進みました。ネズミが今いるところに○をつけましょう。
・ブタが左に6つ、下に1つ進みました。ブタが今いるところに△をつけましょう。
・ゾウが下に3つ、右に5つ、上に2つ進みました。ゾウが今いるところに□をつけましょう。

3 推理・思考（重ね図形）

・透明な紙にかかれた左の2枚の絵をそのままずらして重ねると、どのようになりますか。右から選んで○をつけましょう。

4 推理・思考（折り図形）

・折り紙を左端のように折ってから広げると、折り線はどのようについていますか。右から選んで○をつけましょう。

5 推理・思考（重ね図形）

・上のマス目を点線のところで矢印の向きにパタンと折って重ねます。黒いマス目に隠れずに見えている丸を、その下のマス目にかきましょう。

6 模　写

・左のお手本と同じになるように、右のマス目に印をかきましょう。

7 推理・思考（ルーレット）

外側の動物の丸は回すことができますが、中の果物の丸は動きません。

・上の四角です。動物の丸を回したら、ネズミがバナナのところに来ました。そのとき、キツネはどこにいますか。キツネがいるところの果物に○をつけましょう。
・下の四角です。クマがミカンのところに来ました。そのとき、スイカのところにいる動物に○をつけましょう。

8 数量（マジックボックス）

・左がお約束です。黒い玉がリンゴやバナナのトンネルを通ると、絵のように数が変わります。では真ん中の２段のように黒い玉がトンネルを通ると、それぞれいくつになりますか。その数だけ、右の四角に○をかきましょう。

9 数　量

・上の小さい四角と同じ数のアメが入っている袋はどれですか。その袋全部に○をつけましょう。

集団テスト

10 行動観察（ボール運びリレー）

３、４人のグループに分かれ、道具を使ってボールを運ぶリレーをする。グループごとに、スタートラインの近くに机、離れた先にコーンが置いてある。机の上には４種類のボール（ドッジボール、テニスボール、ピンポン球、ビー玉）と道具（うちわ２本、しゃもじ２本、紙コップ、おたま、さいばし）が入ったカゴ、机の下には空のカゴが用意されている。最初に運ぶボールの順番と使う道具の組み合わせを相談して決めたら、台紙に描かれたボールと道具を組み合わせ通りに線で結ぶ。道具を工夫して使いながら１人ずつボールを運び、コーンを回って戻る。運び終えたボールは机の下のカゴに、道具は上のカゴに戻し、次の人と交代する。途中でボールを落としたら拾い、その場から再び進む。２回行い、２回目は１回目とは別の道具で運ぶ。

共同制作（ペーパーバッグ作り）

３、４人のグループに分かれて行う。グループごとに白いペーパーバッグ、折り紙、キラキラした折り紙、シール、リボン、毛糸、すずらんテープ、クーピーペン、のり、はさみが用意されている。グループで協力して、バッグに持ち手や飾りをつける。

リズム・踊り

テレビモニターに映ったお手本を見ながら「さんぽ」または「小さな世界」（曲は考査日による）の音楽に合わせて踊る。４、５回練習した後、グループごとに発表する。

保護者面接

父 親

・受験番号と受験者氏名を教えてください。
・父親として学校に貢献できることは何ですか。
・個人の意見と集団の意見が異なるときはどうしますか。
・お子さんとお友達にもめ事が起きたとき、どのように対処されますか。
・入学後、お子さんと一緒に始めたいことは何ですか。
・どのようなお子さんですか。
・お子さんにはどのように成長してほしいですか。
・総合学習を親子でどのように行っていきますか。
・集団生活で自主性を伸ばすには、どのようにしたらよいとお考えですか。
（以降は父母で相談し、どちらか１人が答える）
・本校のよいところについて、ほかの人に紹介するとしたらどのように伝えますか。
・本校が新しい取り組みをしていることについて、どのようにお感じですか。
・本校の理念をお子さんにも伝わるようにわかりやすく説明してください。
・本校の特徴ある教育について、どのようにお考えですか。

母 親

・本校のよいところを説明してください。
・お子さんが自分で学習できるように、ご家庭ではどのような取り組みをしようとお考えですか。具体的に教えてください。
・本校で楽しみにしているプログラムは何ですか。
・本校は公共の交通機関を使って通学してもらいますが、どのようにお考えですか。

面接資料／アンケート

出願時に提出する志願票に、以下のような記入項目がある。

・家庭の教育方針。
・本人の性格。
・家庭状況や既往症など学校に伝えておきたいこと。

※事前に配信される校長先生の講話の動画を視聴のうえ、考査当日に「入学に際してご確認・ご了承いただきたいこと」の書類に受験者、保護者２名の氏名を記入し、提出する。

特別入試

集団テスト

11 巧緻性

魚の絵が描かれた台紙（白）、丸いシール（赤）６枚、星形のシール（青）６枚、はさみが用意されている。

・赤い線に沿って魚を切りましょう。

・四角の中には赤い丸のシール、三角の中には青い星のシールを貼りましょう。

絵画（課題画）・言語

Ｂ４判の画用紙（白）、クレヨンが用意されている。

・海の生き物を描きましょう。

・何を描いたか発表しましょう。

共同絵画

５、６人のグループで行う。模造紙、クレヨンが用意されている。

・床に正座をして、協力して生き物の絵を描きましょう。

行動観察（的当てゲーム）

４、５人のグループで行う。紙コップ、スポンジボール、紙コップを積み上げたお手本(数種類)が用意されている。１つ完成すると次のお手本が指定され、難易度が上がっていく。

・グループで協力して、お手本と同じように紙コップを積み上げましょう。

・決められた線から出ないようにしてスポンジボールを投げ、積み上げた紙コップに当てましょう。

【お手本例】

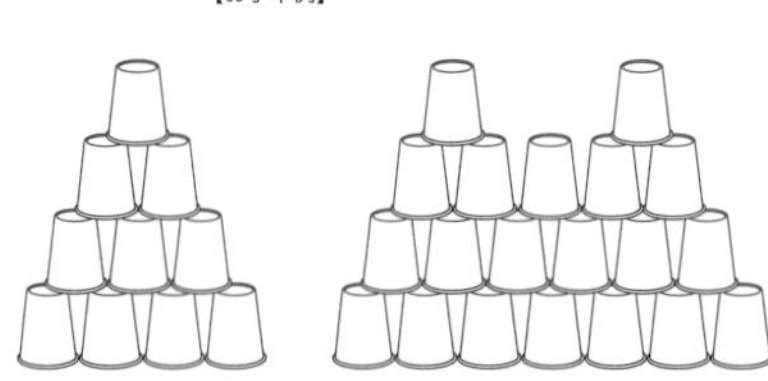

親子課題

それぞれの家族の机に、便せん、画用紙、折り紙、フェルトペン、クーピーペン、鉛筆、消しゴム、のり、セロハンテープ、鉛筆削りが用意されている。感謝を伝えたい人に向けて、親子で「ありがとうカード」を１枚作る。贈る相手やどのような飾りをつけるかを話し合いながら行う。メッセージの言葉は子どもが考え、保護者が書く。周りに絵を描いたり、折り紙で作った飾りを貼ったりして完成させる。できあがったカードについて、テスターから誰に贈るかなどの質問

があり、子どもが答える。（テレビモニターにタイマーが映っており、その時間内で活動する）

保護者面接

父親

・受験番号と受験者氏名を教えてください。
・入学後、自分のお子さんだけでなく、ほかの子どもたちのために何ができますか。
・個性を尊重することについて、どのようにお考えですか。
・集団生活における個性について、どのようにお考えですか。
・入学後、お子さんと一緒に始めたいことは何ですか。
・お子さんにはどのように成長してほしいですか。
（以降は父母で相談し、どちらか１人が答える）
・本校のよいところについて、ほかの人に紹介するとしたらどのように伝えますか。
・本校が新しい取り組みをしていることについて、どのようにお感じですか。
・本校が常に変化していることについて、どのようにお考えですか。
・本校の特徴ある教育について、どのようにお考えですか。

母親

・本校で楽しみにしているプログラムは何ですか。
・お子さんが自分で学習できるように、ご家庭ではどのような取り組みをしようとお考えですか。具体的に教えてください。
・基礎学力をつけるために、ご家庭で取り組みたいことはどのようなことですか。
・本校は公共の交通機関を使って通学してもらいますが、どのようにお考えですか。

面接資料／アンケート

出願時に提出する志願票に、以下のような記入項目がある。

・昭和小学校を第一希望に志望する理由をお書きください。
・入学後にご家庭で学習の習慣付けをどのように取り組みますか。具体的にお書きください。
・お子さまが自己肯定感を持てるように、ご家庭でどのように働きかけていますか。具体的にお書きください。
・志願にあたり、家庭状況や既往症など学校に伝えておくことがあればお書きください。

※事前に配信される校長先生の講話の動画を視聴のうえ、考査当日に「入学に際してご確認・ご了承いただきたいこと」の書類に受験者、保護者２名の氏名を記入し、提出する。

2023

2022

2021

2020

2019

1

2

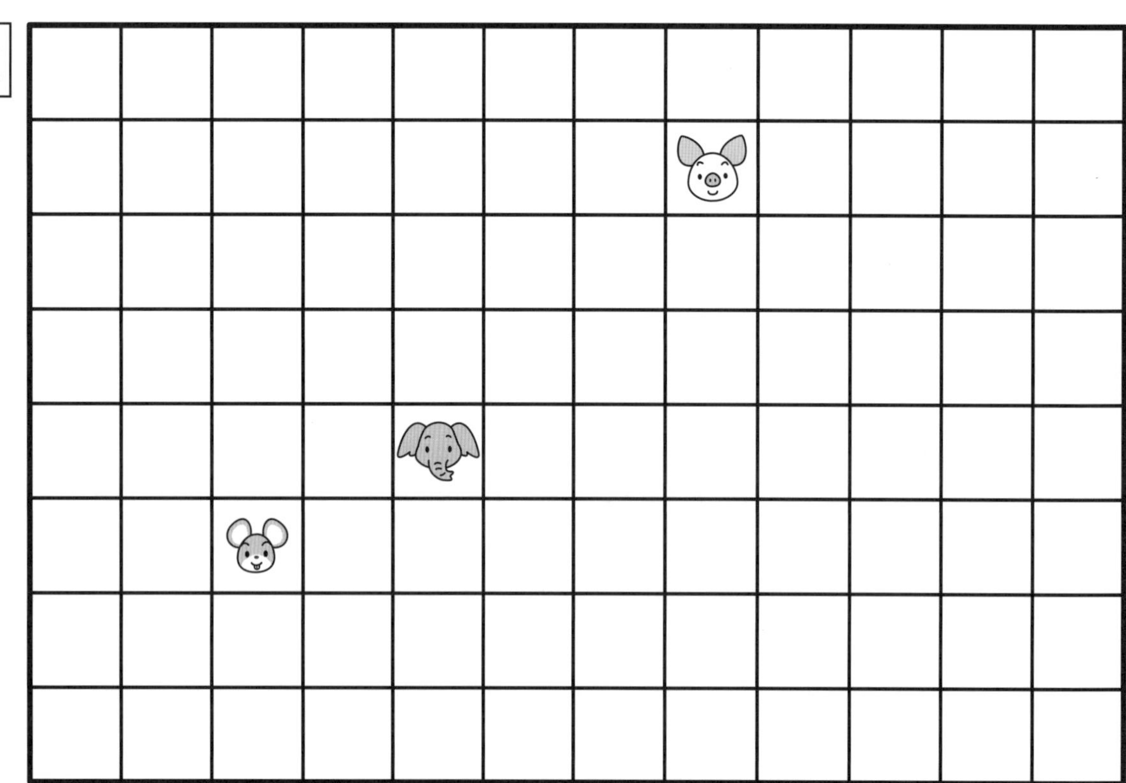

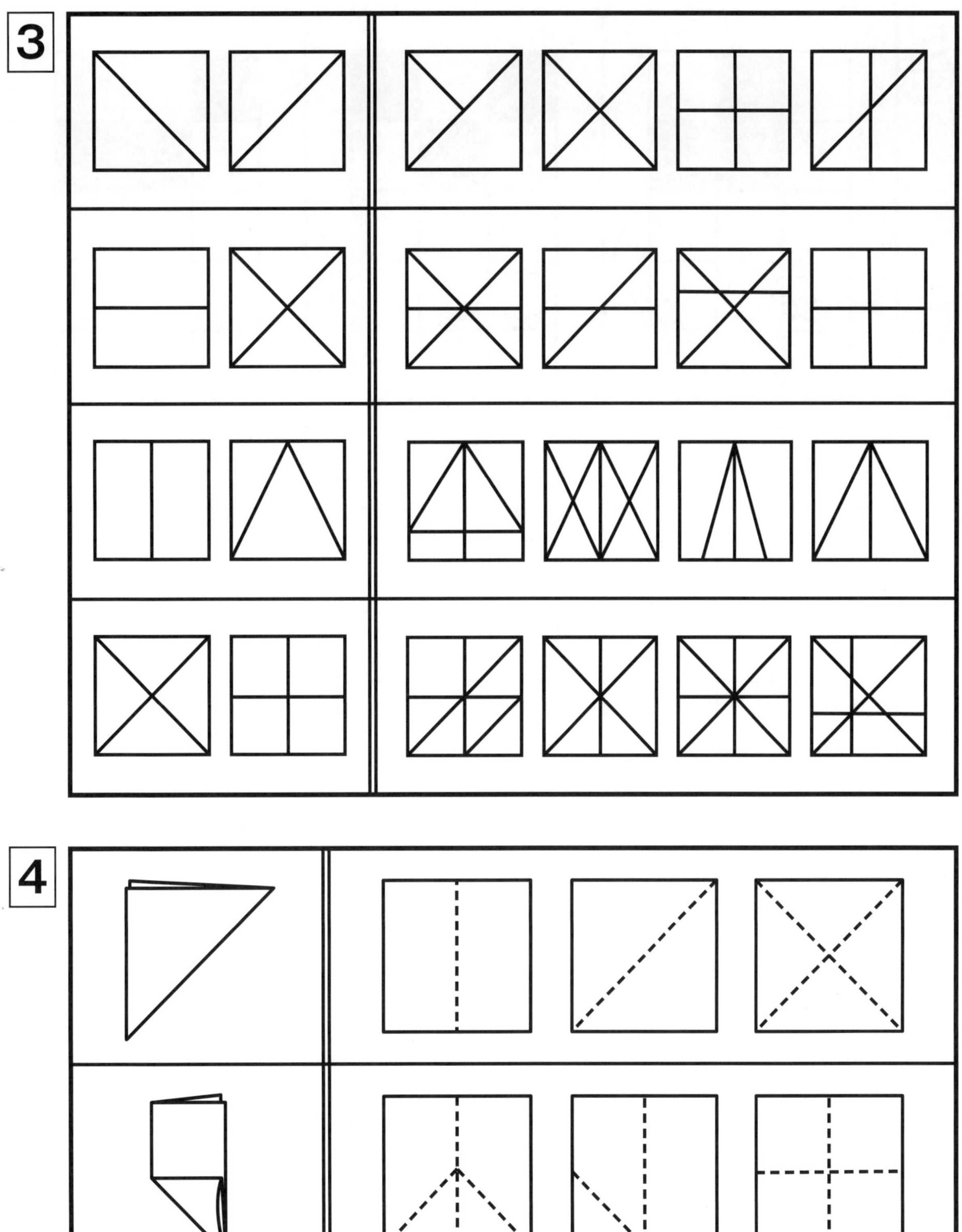

5

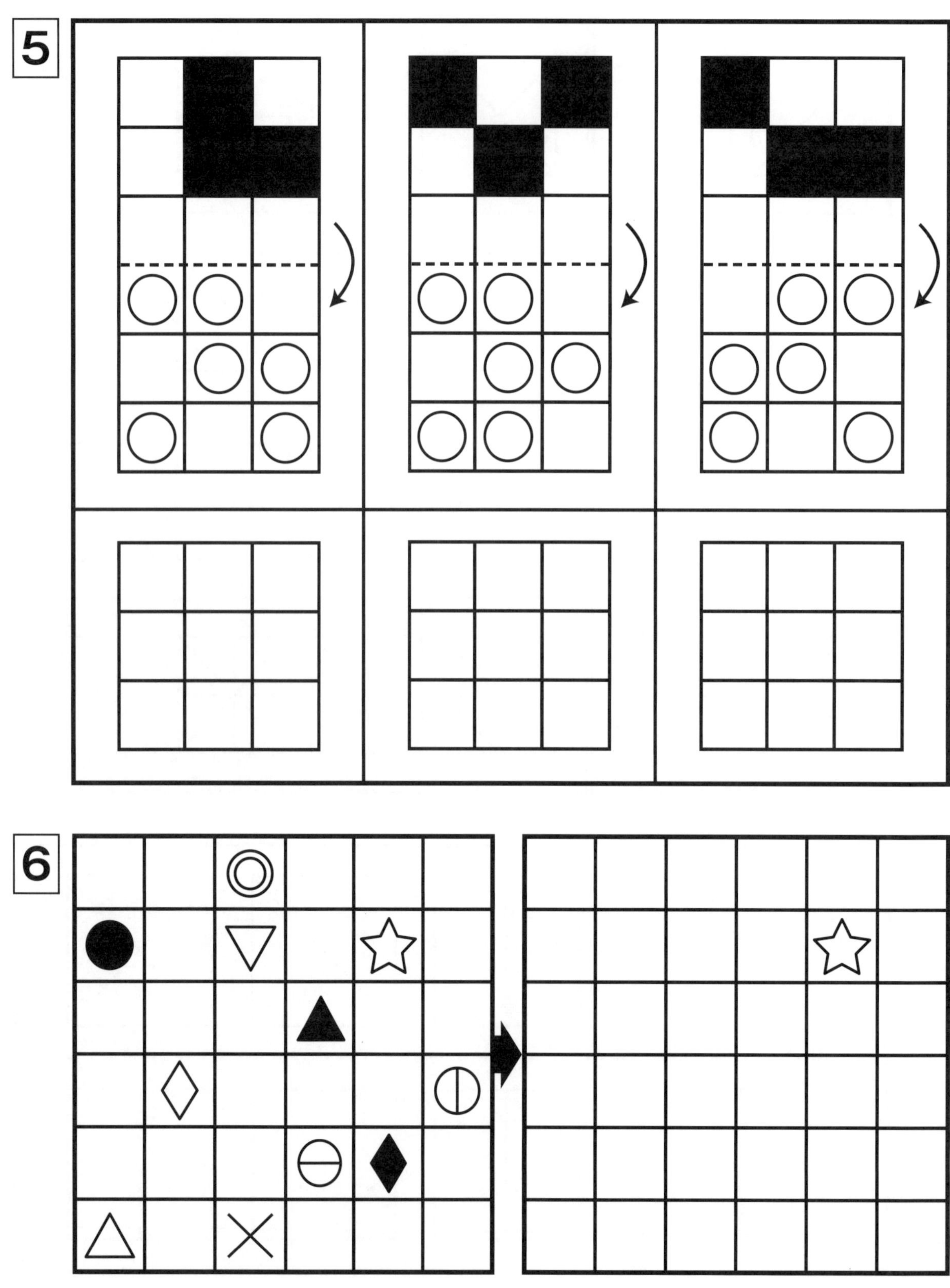

6

7

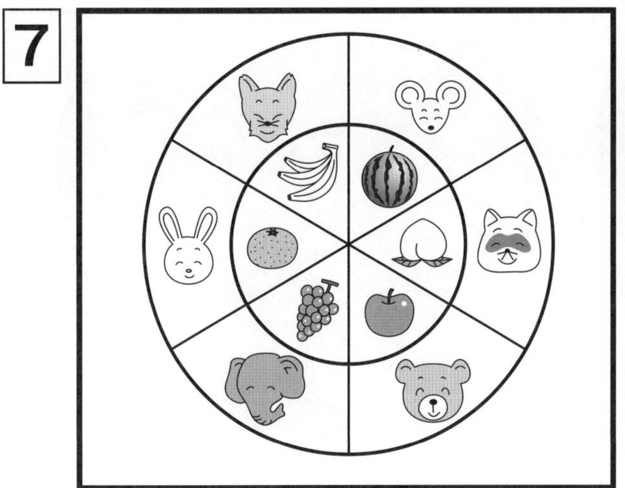

8

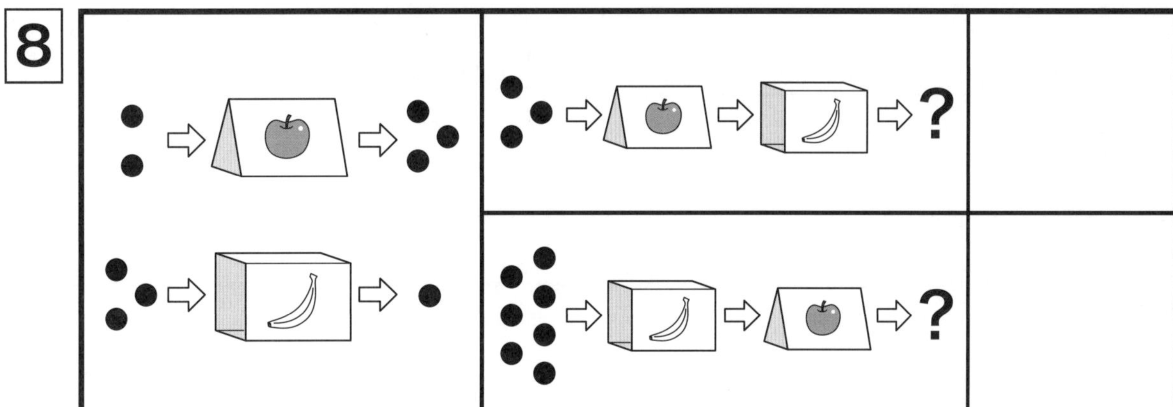

9

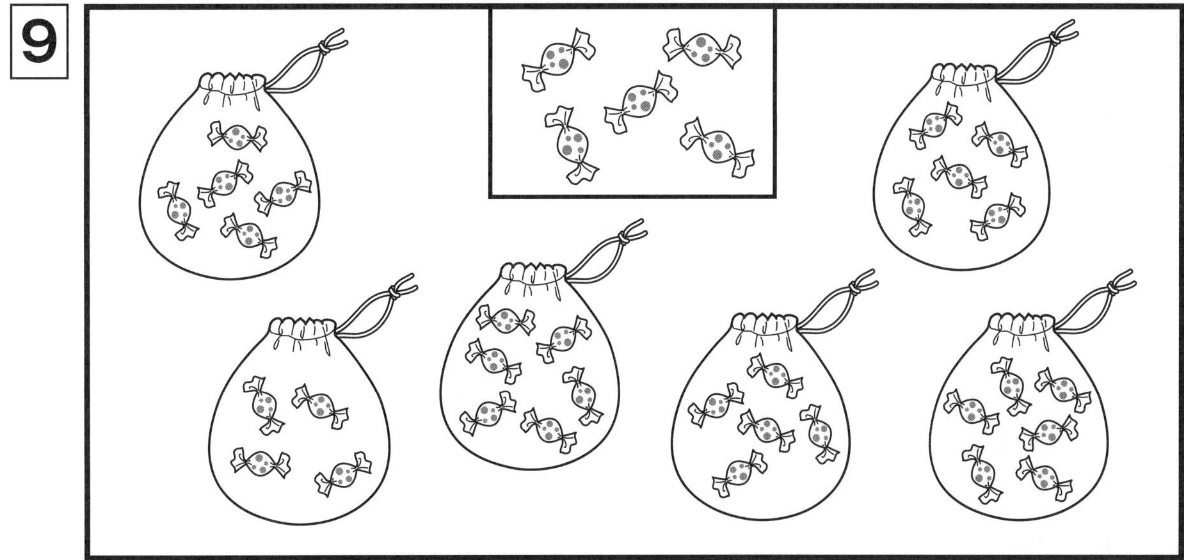

10

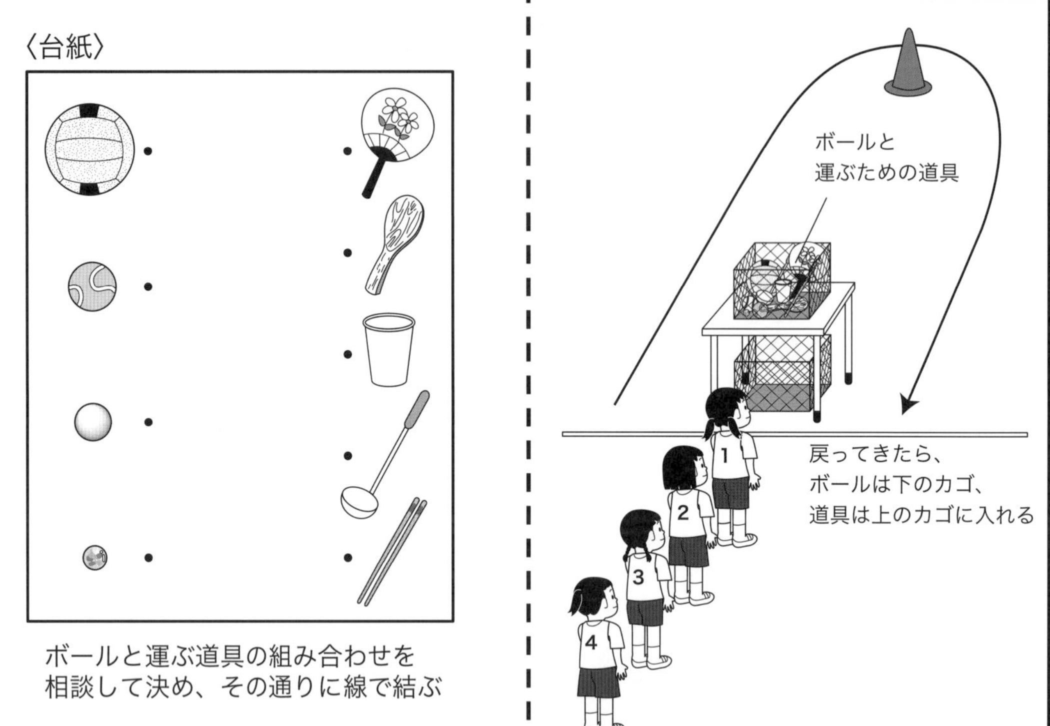
〈台紙〉
ボールと運ぶ道具の組み合わせを
相談して決め、その通りに線で結ぶ
ボールと
運ぶための道具
1
2
3
4
戻ってきたら、
ボールは下のカゴ、
道具は上のカゴに入れる

11

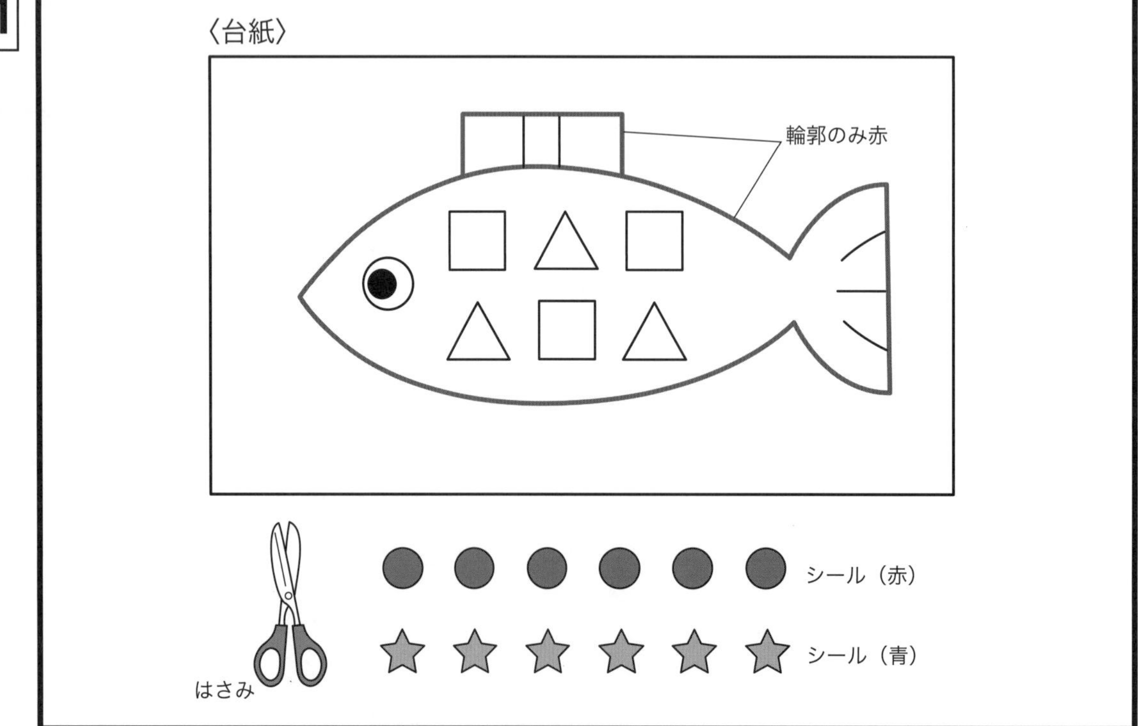
〈台紙〉
輪郭のみ赤
シール（赤）
シール（青）
はさみ

section

2022 昭和女子大学附属昭和小学校入試問題

選抜方法

一般入試と特別入試がある。一般入試の考査は２日間のうち希望する１日で、ペーパーテスト、集団テスト、運動テストを行う。所要時間は約１時間。特別入試は学校見学および特別入試説明会への参加が条件で、一般入試より前に行われる。考査は１日で、親子課題を含む集団テストを行う。所要時間は約１時間40分。面接はいずれも考査中に保護者面接を行う。

一般入試

ペーパーテスト

筆記用具はクーピーペン（黒、赤、茶色）を使用し、訂正方法は×（バツ印）。出題方法は音声。

1 話の理解

・上の段です。わたしは頭の左側にリボンをつけて、水玉模様のワンピースを着ています。ウサギのぬいぐるみを右手に持っています。わたしに赤のクーピーペンで○をつけましょう。

・真ん中の段です。僕は半そでのシャツに長ズボンをはいて、左手にラケット、右手にボールを持っています。僕に黒のクーピーペンで○をつけましょう。

・下の段です。わたしは右手に風車を持って高く上げています。わたしに赤のクーピーペンで○をつけましょう。

・同じところです。僕は左手に紙飛行機を持って高く上げています。僕に黒のクーピーペンで○をつけましょう。

2 話の記憶

「夏のとても暑い日のことです。今日、はなこさんはおばあさんのお家に行きます。はなこさんはこの日をとても楽しみにしていました。朝ごはんのお味噌汁とおにぎりを食べ終えると、リュックサックを背負ってお母さんとお家を出ました。おばあさんのお家にははなこさん１人で電車に乗って行くので、お母さんとは駅でお別れです。『ちょっと遠くて寂しいな』と思ったけれど、勇気を出して出発しました。おばあさんのお家の近くの駅に着くと、おばあさんが待っていてくれたので、ほっとひと安心しました。そして、おばあさんのお家に着いてひと休みしてから、２人で公園に出かけました。今日は公園で夏祭りがあるので、いろいろなお店が出ていてとてもにぎやかです。はなこさんは、さっそくキンギョすくいをしました。その後、わたあめも買ってもらって大喜びです。おばあさんが『今日は泊まってもいいよ』と言ってくれたので、お母さんに電話をして、その日はおばあさんのお家に泊まることにしました。夕ごはんはカレーライスです。おばあさんが作ってくれたカレーライスにはお肉やジャガイモ、ニンジン、タマネギがたくさん入っていて、とてもおいしかったです。次の日、はなこさんは朝起きて最初に顔を洗いました。それから朝ごはんを食べました。朝ごはんは野菜のたっぷり入ったスープとサンドイッチでした。その後、おばあさんと一緒に駅まで行き、おばあさんに手を振ってお別れし、電車に乗ってお家に帰りました。電車の窓からはヒマワリがとてもきれいに見え、空には飛行機が飛んでいました。遠くには山が見えました。駅に着くと、お母さんがお迎えに来てくれていました」

・はなこさんがおばあさんのお家に行くのに乗った乗り物はどれですか。黒のクーピーペンで○をつけましょう。
・はなこさんがおばあさんのお家に行ったのはどんな日でしたか。黒のクーピーペンで○をつけましょう。
・このお話の季節と仲よしのものに黒のクーピーペンで○をつけましょう。
・はなこさんが夏祭りでしたことや買ってもらったものに、黒のクーピーペンで○をつけましょう。
・おばあさんのお家の夕ごはんに入っていたものに黒のクーピーペンで○をつけましょう。
・はなこさんが朝起きて最初にしたことに、黒のクーピーペンで○をつけましょう。
・はなこさんが帰りの電車の窓から見た様子に、黒のクーピーペンで○をつけましょう。

3 常識（道徳）

・公園で子どもたちが遊んでいます。この中でいけないことをしている人に赤のクーピーペンで○をつけましょう。

4 常　識

・矢印の方向に風が吹いています。この中でおかしいところに茶色のクーピーペンで○をつけましょう。

5 数　量

・それぞれの積み木の数だけ、すぐ下のマス目に黒のクーピーペンで○をかきましょう。

6 推理・思考（比較）

・2番目に長いリボンに赤のクーピーペンで○をつけましょう。
・3番目に長いリボンに茶色のクーピーペンで○をつけましょう。

集団テスト

7 行動観察

4、5人のグループに分かれて行う。空のおりが描かれた動物園の台紙、動物の絵カードが用意されている。それぞれの動物が入るおりの場所について、各自にヒントが出される(「コアラは入口から一番近いところにいます」「ライオンはチンパンジーの斜め下にいます」「ラクダはキリンの右隣にいます」など)。各自が聞いたヒントを基に、どのおりにどの動物が入るかをグループで相談し、動物の絵カードを台紙に置いていく。ヒントに出された動物のおりの場所が全部決まったら､残りの動物を空いているおりのどこに入れるか､グループで話し合う。なお、ヒントをもう一度聞きたいときは、一度だけ教えてもらえる。

8 行動観察

4、5人のグループに分かれて行う。机の上に画用紙とクーピーペン（12色）が2箱置いてあり、離れたところにあるホワイトボードの裏にはお手本の絵が貼ってある。グループごとにさらに2つに分かれ、お手本の絵の内容を伝えるグループと、それを聞いて絵を描くグループになる。伝えるグループはホワイトボードまで行き、お手本の絵を見て覚えて戻り、描くグループに伝える。絵を描くグループは協力して、教えられた通りに画用紙に描く。2回目は、グループの役割を交代する。

運動テスト

連続運動

4色のコーン（赤、緑、ピンク、黄色）が離れたところに並べてあり、指示された色のコーンのスタート位置に1人ずつ立つ。

- コーンに向かってケンパーケンパーケンケンパーで進む→コーンにタッチしたらグーパーで戻る。
- コーンに向かって走る→コーンにタッチしたら両足跳びで戻る。

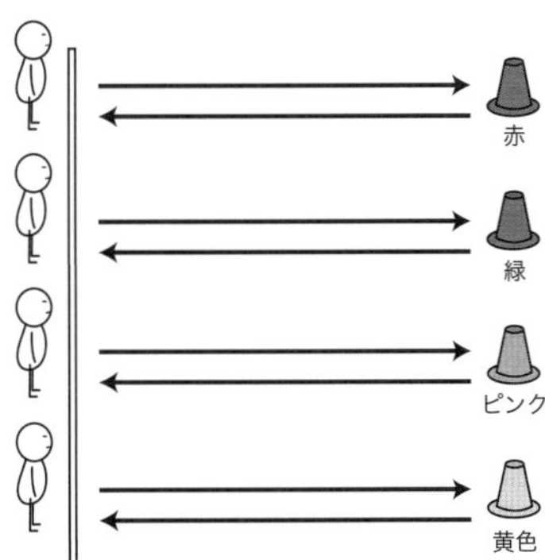

・ドッジボールをその場で6回つく→コーンに向かってボールを持ったままケンパーで進む→コーンの上にボールを置く→片足でジグザグジャンプをして戻る。

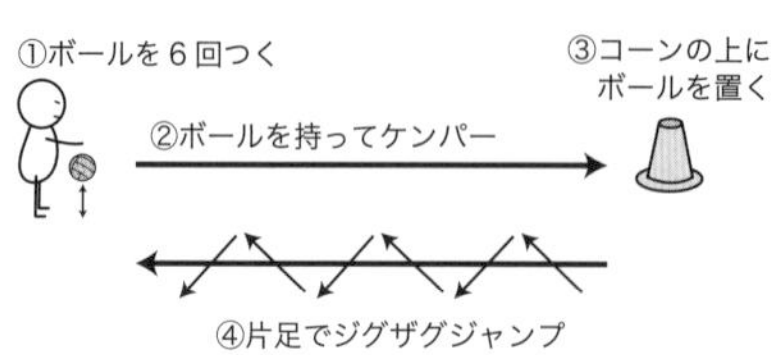

保護者面接

父親

・本校の建学の精神としての3つの目標の中で、一番心に響いているものは何ですか。理由を具体的に教えてください。
・本校では詰め込み教育ではなく基礎的な学習に力を注いでいますが、どのように思いますか。
・子育てや家事の役割分担はどのようにしていますか。それはどのような理由からですか。
・家族で食事をするときに気をつけていることや、食育についてのお考えを聞かせてください。

母親

・本校の総合学習に期待することは何ですか。
・本校では異学年交流を行っていますが、そのことについて知っていることを教えてください。
・入学後の1年間、どのようにお子さんと向き合う予定かを教えてください。
・これまで、自立を促すサポートをどのようにされてきたか、具体的に教えてください。
・コロナ禍での家庭生活において、注意していることは何ですか。

面接資料／アンケート

出願時に提出する志願票に、以下のような記入項目がある。

・家庭の教育方針。
・本人の性格。
・家庭状況や既往症など学校に伝えておきたいこと。

※事前に配信される校長先生の講話の動画を視聴のうえ、考査当日に「入学に際してご確認・ご了承いただきたいこと」の書類に受験者、保護者2名の氏名を記入し、提出する。

特別入試

集団テスト

共同制作（お弁当作り）

4、5人のグループに分かれて行う。プラスチックのお弁当容器、紙粘土、色画用紙(赤、青、黄色、緑、白)各2枚、新聞紙、小さいカゴの中にフェルトペン(黒、紫、ピンク、青)、セロハンテープ、スティックのりが用意されている。床に敷かれたシートの上に座り、グループで相談して行う。

・グループで協力してお弁当を作りましょう。誰が何を作るのか、相談して決めてください。決まったら、作り始めましょう。

集団ゲーム（ドンジャンケン）

4、5人のグループに分かれ、2グループ対抗で行う。ハンドボールくらいの大きさのボールを各自が脇に抱えて持ち、S字に引かれた線の両端に各グループが1列に並ぶ。先頭の人がそれぞれボールを持ったまま線の上をケンケンで進み、出会ったところでボールとボールでタッチしてドンジャンケンをする。勝ったらそのまま進む。負けたら自分のグループの列まで戻って後ろに並び、次の人がスタートする。相手グループのところまで先に進んだ方が勝ち。テスターが「やめ」と言うまで続ける。

親子課題

それぞれの家族の机に、3種類の絵（いろいろな表情の人物、動物、虫、食べ物など家族により異なる）が描かれた1枚の紙が裏返しに置いてあり、ほかに大きい画用紙1枚と小さい画用紙4枚、クーピーペン（12色）、のりが用意されている。テスターの合図で裏返しになっている紙を一度だけめくり、描かれた絵がすべて出てくるお話を親子で相談して作る。お話の絵を小さい画用紙4枚にクーピーペンで描いて紙芝居を作り、できあがったら大きい画用紙にのりで貼る。紙芝居の内容についてテスターから質問があり、子どもが発表する。(教室にはタイマーが設置されており、その時間内で活動する)

保護者面接

父親

・受験番号と受験者氏名を教えてください。
・本校の教育方針とご家庭の教育方針の合致するところを、具体例を挙げて簡潔にお話しください。
・家事と子育てをどのようなバランスでご両親が分担しているか、理由も含めてお話しください。

母親

・お子さんを紹介してください。
・本校は総合学習を大切にしています。総合学習で何を学ばせたいかお話しください。
・子育てで難しいと感じることについて、お話しください。

面接資料/アンケート

出願時に提出する志願票に、以下のような記入項目がある。

・昭和小学校を第一希望に志望する理由をお書きください。
・学校と家庭の教育の役割を考えたとき、ご家庭で大切にしていることを具体的にお書きください。
・本校で取り組んでいる、マラソンを走ること、給食を残さず食べることについて、お子さまが後ろ向きな気持ちや行動になった場合、ご家庭でどのようにフォローされますか。具体的にお書きください。
・志願にあたり、家庭状況や既往症など学校に伝えておくことがあればお書きください。

※事前に配信される校長先生の講話の動画を視聴のうえ、考査当日に「入学に際してご確認・ご了承いただきたいこと」の書類に受験者、保護者2名の氏名を記入し、提出する。

1

2

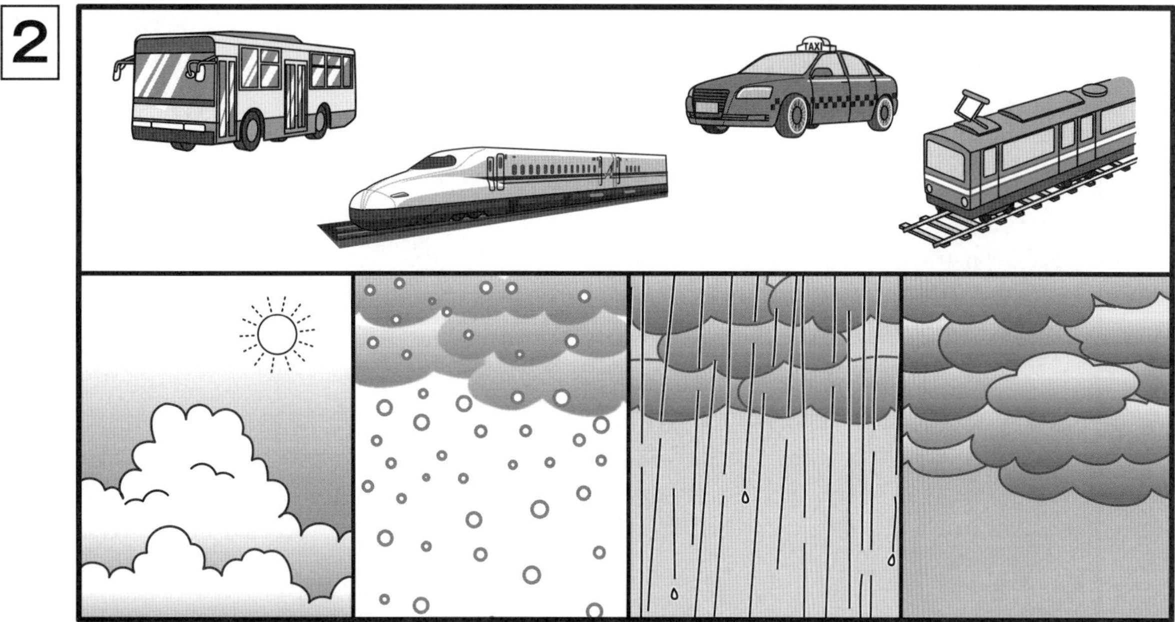

2

3

4

5

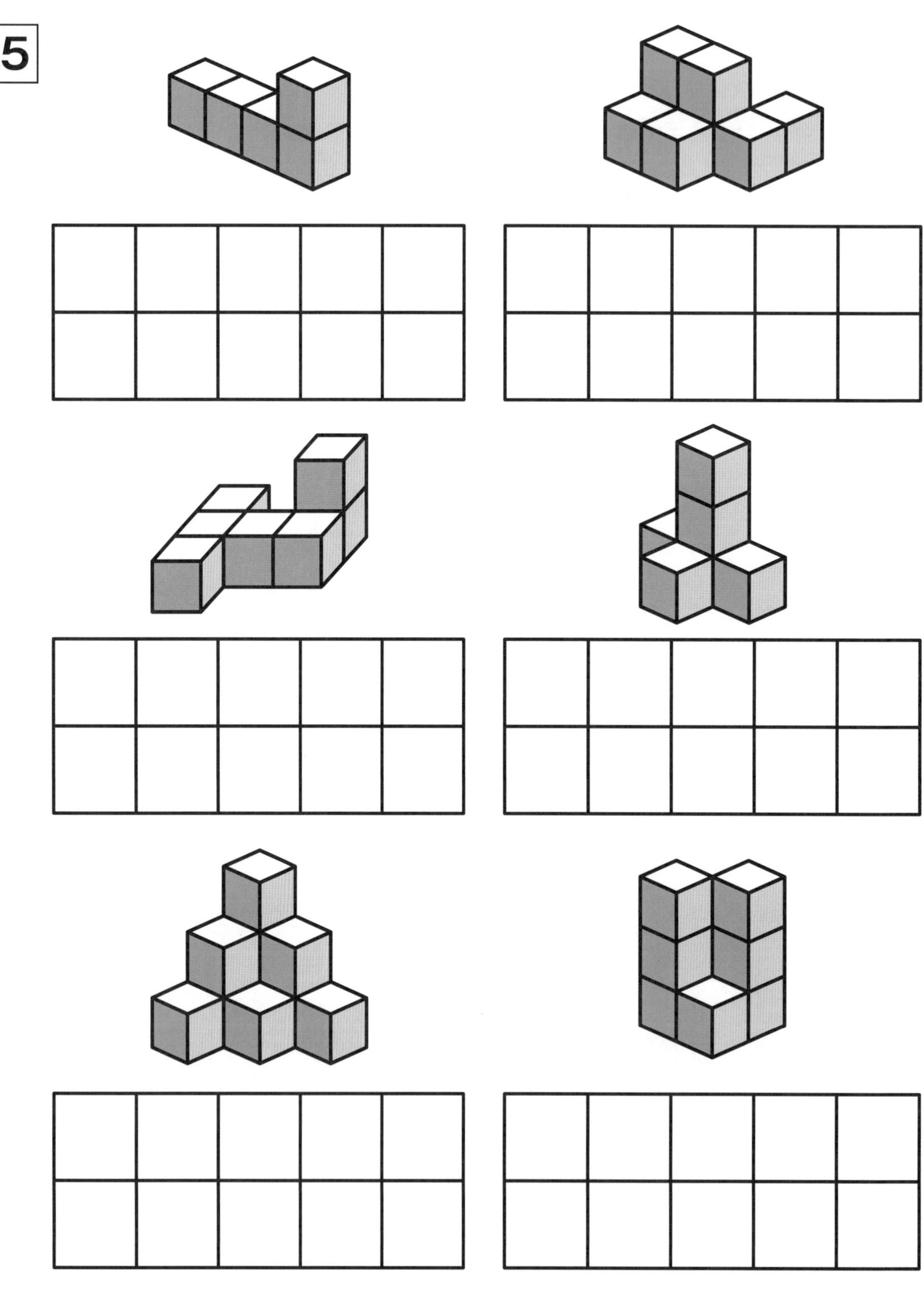

6

7

【動物の絵カード】

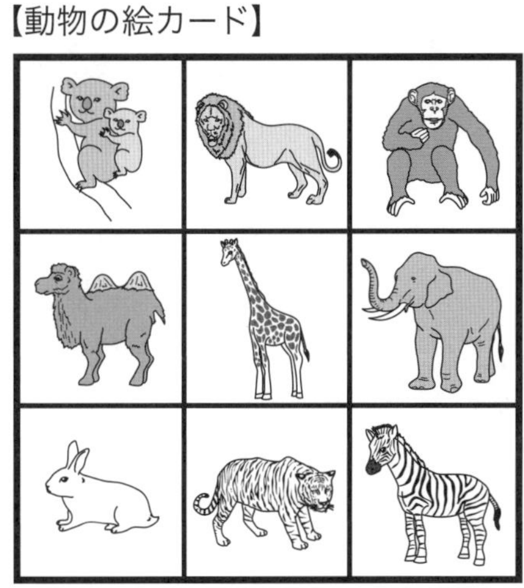

8

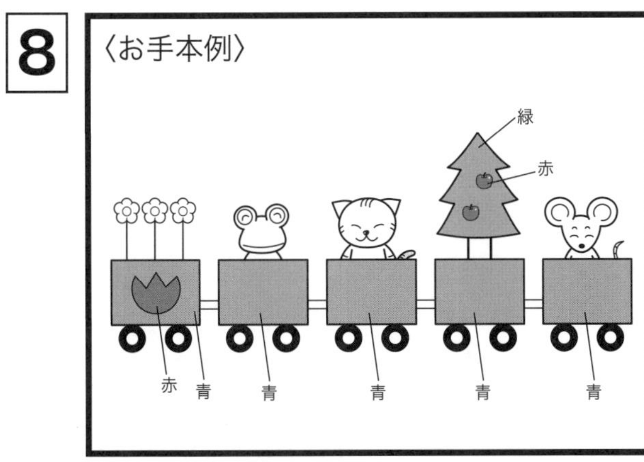

section
2021 昭和女子大学附属昭和小学校入試問題

選抜方法

一般入試と特別入試がある。一般入試の考査は２日間のうち希望する１日で、ペーパーテスト、個別テスト、集団テスト、運動テストを行う。所要時間は約１時間。特別入試は体験入学および特別入試説明会への参加が条件で、一般入試より前に行われる。考査は１日で、親子活動を含む集団テストを行う。所要時間は約１時間40分。一般入試、特別入試ともに考査当日、保護者に対して校長の講話がある。面接はいずれも考査日前の指定日時に、一般入試は保護者面接、特別入試は親子面接を行う。

一般入試

ペーパーテスト

筆記用具はクーピーペン（黒、赤、ピンク、青、水色）を使用し、訂正方法は×（バツ印）。出題方法は音声。

1 数 量

・左です。マス目にかいてある白丸と黒丸の数を比べて、多い方の長四角に赤のクーピーペンで○をかきましょう。

・右です。マス目にかいてある白丸と黒丸の数を比べて、多い方の長四角に、多い分だけ赤のクーピーペンで○をかきましょう。

2 話の理解

「木の左側にお家があります。木の上に月が出ています。月は右側が欠けています」

・今のお話に合う絵の下の長四角に、黒のクーピーペンで○をかきましょう。

3 話の理解

「四角の中に丸がピッタリ入っています。そして、丸の中には三角がピッタリ入っています」

・今のお話に合う形に黒のクーピーペンで○をつけましょう。

4 話の記憶

「こういち君、しょうこさん、あおいさんは幼稚園の仲よし３人組です。日曜日に３人は、それぞれのお母さんも一緒に遊園地に行くお約束をしています。みんなは前の日から『遊園地に行ったら何に乗る？』と、ワクワクしていました。そして日曜日、３人は駅前広場に集合しました。あおいさんはお気に入りの星がついた帽子、しょうこさんはハートがついた帽子をかぶっています。こういち君は半ズボンをはき、麦わら帽子をかぶっています。3人は『今日はとっても楽しみだね』と言いながら、電車に乗って遊園地に向かいました。遊園地に着くと『何から乗ろうか』と相談し、まず最初にメリーゴーラウンドに乗ることにしました。次に乗ったのはジェットコースターです。とても速いスピードで、みんなは大喜びです。その次は汽車に乗り、最後はコーヒーカップに乗りました。たくさん乗り物に乗ったので、みんなおなかがペコペコです。『そろそろ、お昼ごはんにしましょう』と、こういち君のお母さんが言って、みんなで遊園地のレストランに行きました。レストランの入口には、スイカとブドウとミカンを中に入れて凍らせた大きな四角い氷が飾られていて、とても涼しそうです。しょうこさんはシチューを、あおいさんはカレーライスを、こういち君はハンバーガーとポテトを食べました。おいしく食べた3人が『お母さん、写真を撮って』と言うと『じゃあ、3人で並んでね』と、あおいさんのお母さんが言いました。3人は並んだ後、『はい、チーズ』と言うお母さんたちの声に合わせてニッコリ笑いました。そして、真ん中にこういち君、右側にしょうこさん、左側にあおいさんが立っている、すてきな写真が撮れました。とても楽しい日曜日でした」

- 3人が遊園地で乗った乗り物が、左から順に正しく描いてある段はどれですか。黒のクーピーペンで○をつけましょう。
- しょうこさんの帽子に赤のクーピーペンで○をつけましょう。
- レストランであおいさんが食べたものには青のクーピーペンで、しょうこさんが食べたものには赤のクーピーペンで○をつけましょう。
- レストランの入口に飾ってあったものはどれですか。赤のクーピーペンで○をつけましょう。
- 3人で撮ってもらった写真です。正しいものに赤のクーピーペンで○をつけましょう。

5 観察力

- 一番上がお手本です。お手本と違うところが一番多い絵を下から探し、黒のクーピーペンで○をつけましょう。

6 観察力

- 左の絵がお手本です。右の絵で、お手本と違うところに黒のクーピーペンで○をつけましょう。

7 模　写

- 左のお手本と同じになるように、右のマス目に青のクーピーペンで印をかきましょう。

8 話の理解

「ドーナツが真ん中にあります。ドーナツの右側にはプリンがあります」

・今のお話に合う棚に黒のクーピーペンで○をつけましょう。

9 常　識

・エレベーターのマークに青のクーピーペンで、下りのエスカレーターのマークに赤のクーピーペンで○をつけましょう。

個別テスト

言　語

集団テストの絵画の課題のときに個別に呼ばれ、質問に答える。喜怒哀楽の表情、公共の場、子どもたちが遊んでいる様子、幼稚園（保育園）での様子などの絵カードが用意されている。テスターにその中から１枚を提示されて質問があり、絵について話す。

集団テスト

絵画（課題画）

クーピーペンが用意されている。

・お家の人からプレゼントをもらって、とてもうれしい様子を描きましょう。

・お母さんが作るお料理で、一番好きなものを描きましょう。

運動テスト

テストの前に鉢巻きをおなかに巻き、おへその前でチョウ結びにする。

持久力

テスターのたたくカスタネットの音に合わせて、その場から右→戻る→左→戻る→前→戻る→後ろ→戻るのようにジャンプする。「やめ」と言われるまで続ける。

片足バランス

「やめ」と言われるまで片足バランスをする。

体ジャンケン

指示された動きで、テスターと体ジャンケンをする。

保護者面接

父親

・お子さんの受験番号と名前を教えてください。
・志望理由をお話しください。
・幼稚園（保育園）で過ごすことで、お子さんはどのように成長されたと思いますか。
・何かを決めるとき、お子さんにはどのようにお話しして決めさせますか。
・お子さんが成人した際には、どのようになっていてほしいですか。

母親

・お子さんが通っている幼稚園（保育園）の教育方針をお聞かせください。
・幼稚園（保育園）での出来事で印象に残っていることは何ですか。
・ご自身の幼少期と比べて、お子さんはどうですか。
・１年生で行うお泊り会で、お子さんに何を求めますか。
・本校は給食では嫌いなものも残さず食べるよう指導する方針ですが、そのことについてどのように思われますか。
・お子さんが小学生になったら、どのようにかかわっていくお考えですか。
・お子さんの名前の由来を教えてください。

面接資料／アンケート

考査中に校長先生の講話を聴いた後、「入学に際しての了承事項」に父母各々了承、確認のサインをして提出する。

・「入学に際しての了承事項（８項目）」を読み、同意できるものに○をつけてください。

特別入試

集団テスト

６人グループに分かれて行う。机の中にＡ５判の紙、透明な箱に入れられたビーズと綴じひもが用意されている。

巧緻性

Ａ５判の紙とビーズを机の中から出す。
・紙で箱を折りましょう。折った箱に先生が言う色のビーズを入れてください。

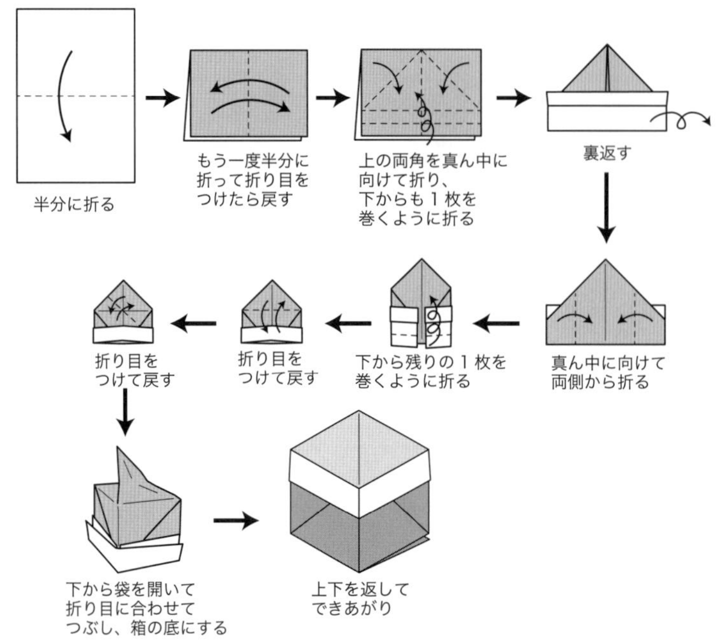

巧緻性

・綴じひもにビーズを青、オレンジ色、黄色、ピンク、紫の順に通し、ひもの端と端をチョウ結びにしましょう。

10 親子課題

それぞれの家族の机に、６種類の絵カードが５枚ずつ裏返しに重ねて置かれている。カードをめくり、描かれている絵に合ったお話を作る。

〈約束〉

１回目…６種類のカードを１枚ずつめくり、家族で相談しすべてのカードを使ってお話を作る。お話ができたら子どもが発表する。

２回目…親子で話す順番を決め、その順にカードをめくってお話を作る。次の人は前の人の話につながるよう続きを考える。

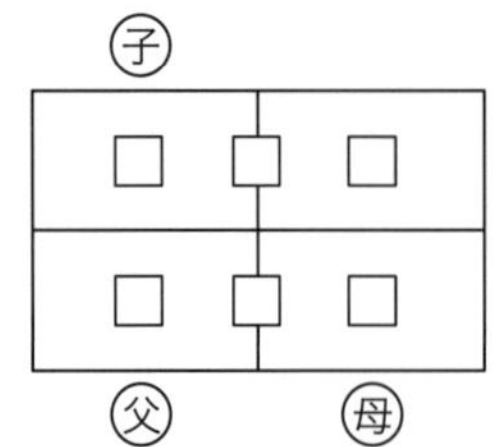

机が４つ並んでいる。
絵カード６種類が
５枚ずつ裏返しに重ねて置いてある

親 子 面 接

本人

・お名前を教えてください。
・お父さん、お母さんのどんなところが好きですか。
・お家では何をして遊びますか。
・幼稚園（保育園）では何をして遊びますか。

父親

・ご家族で過ごしたことで、一番思い出に残っていることは何ですか。
・お子さんには本校でどのように育ってほしいとお考えですか。

母親

・お子さんの好きな食べ物、嫌いな食べ物を具体的に教えてください。
・幼稚園（保育園）はどのような教育方針でしたか。お子さんはどのように成長しましたか。

面接資料／アンケート

考査中に校長先生の講話を聴いた後、「入学に際しての了承事項」に父母各々了承、確認のサインをして提出する。

・「入学に際しての了承事項（８項目）」を読み、同意できるものに○をつけてください。

2023

2022

2021

2020

2019

1

●	●	●	○
○	●	○	●
●	○	●	●
○	●	○	●

●	●	●	○
○	●	○	○
●	○	●	○
●	●	●	○

●	
○	

●	
○	

2

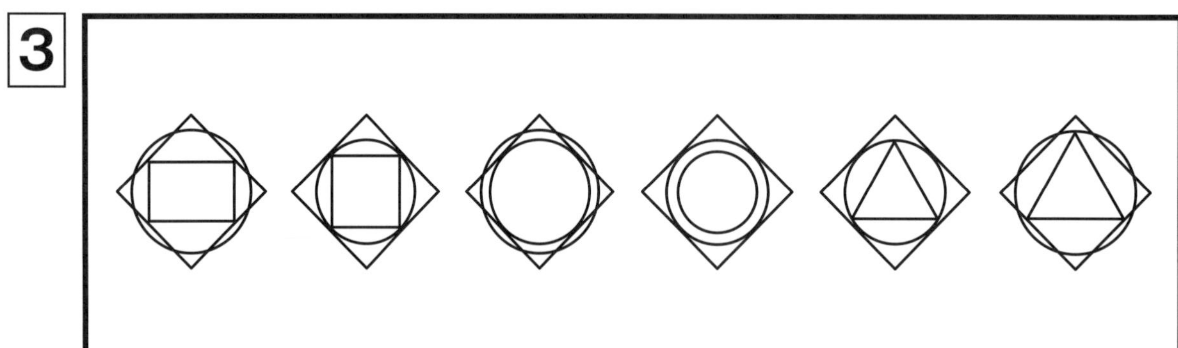

3

4

5

6

7

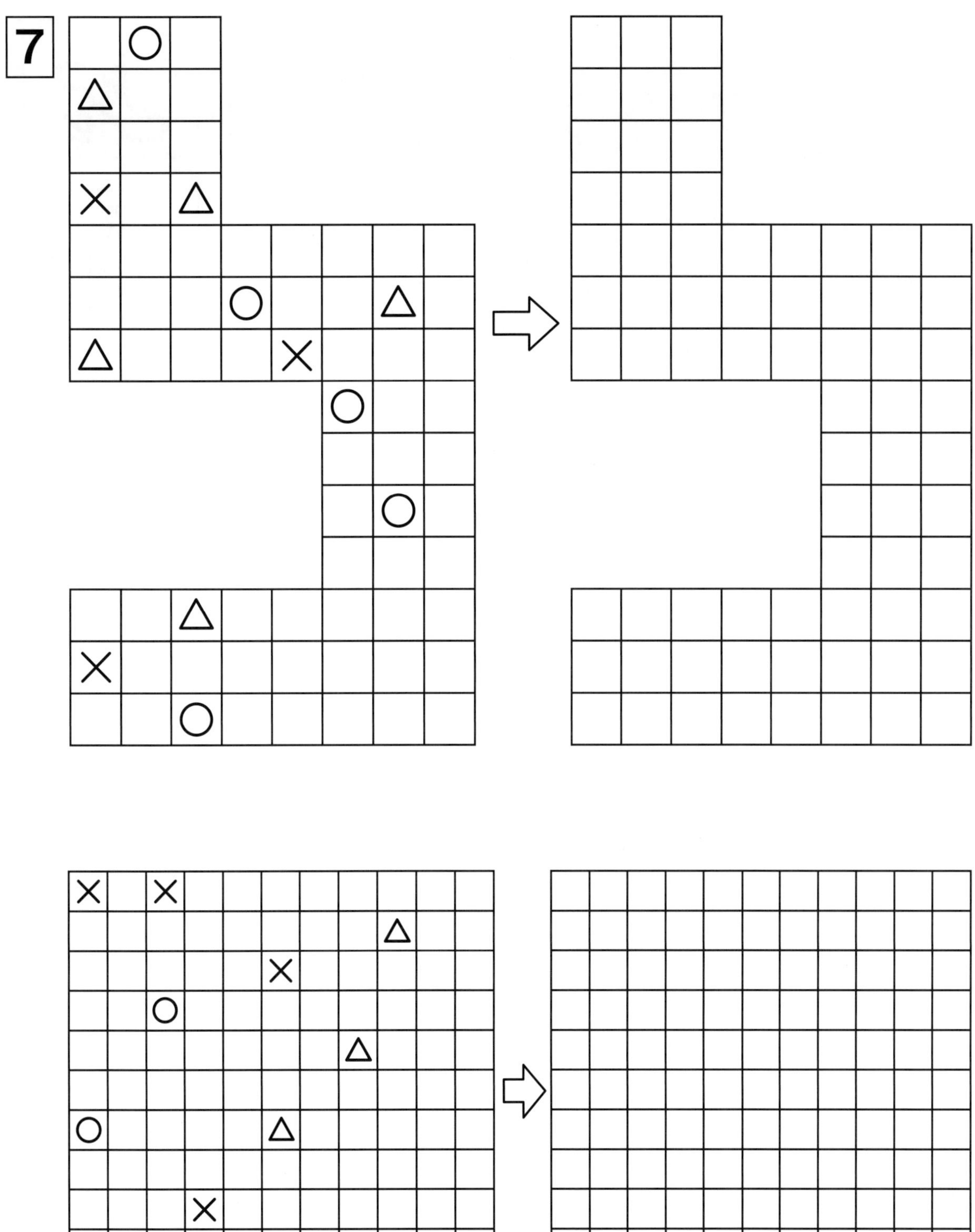

8

9

10 〈カード例〉

section
2020 昭和女子大学附属昭和小学校入試問題

選抜方法

一般入試と特別入試がある。一般入試の考査は2日間のうち希望する1日で、ペーパーテスト、個別テスト、集団テスト、運動テストを行う。所要時間は約1時間20分。特別入試は体験入学および特別入試説明会への参加が条件で、一般入試より前に行われる。考査は1日で、集団テストを行う。所要時間は約1時間40分。面接はいずれも考査当日に校長先生の講話の後、一般入試は保護者面接、特別入試は親子面接を行う。

一般入試

ペーパーテスト

筆記用具はクーピーペン（黒、赤、ピンク、緑、青）を使用し、訂正方法は×（バツ印）。出題方法は話の記憶のみ音声で、ほかは口頭。

1 推理・思考（水の量）

・いろいろな大きさの入れ物に水が入っています。水が一番たくさん入っている入れ物に○をつけましょう。

・同じ大きさの入れ物に水が入っています。水が2番目にたくさん入っている入れ物に○をつけましょう。

2 模 写

・左のお手本と同じになるように、右のマス目に○をかきましょう。

3 数 量

・上の大きな四角の中にいろいろな形があります。下の四角にかいてある形は、上の大きな四角の中にそれぞれいくつありますか。その数だけ○をかきましょう。太陽は数えません。

話の理解

イタリア、トルコ、カナダ、中国、アメリカ、フランス、イギリス、スイス、デンマーク、ハンガリー、マレーシア、台湾の国旗が並んだカラープリントを見ながら行う。

・わたしは青と白と赤の縦じま模様の旗です。わたしに緑で○をつけましょう。

・わたしは赤い横じま模様で左上にはたくさんの星が描いてあります。わたしに黒で○をつけましょう。

4 話の記憶

「もうすぐ、しょうこさんのおばあさんの誕生日がやって来ます。『今年のお誕生日には何をプレゼントしようか』と、しょうこさんはお姉さんや弟と考えました。お姉さんは『おばあちゃんはお花が好きだから、お花屋さんで花束を買ってプレゼントしたいわ』と言いました。弟は『僕はおばあちゃんの笑顔が大好きだから、おばあちゃんの顔を描いたカードをプレゼントしたいな』と言いました。何をしたいか、なかなか思いつかないしょうこさんでしたが、『そうだ。おばあちゃんはカレーライスが大好きだから、みんなでカレーライスを作ろうよ』と言いました。『それはいい考えね』ときょうだいの意見がまとまりました。そしていよいよ誕生日、弟は黄色い野球帽、お姉さんはピンクの帽子、しょうこさんは赤いリボンのついた帽子をかぶり、バスに乗って出かけました。まずはお花屋さんです。お姉さんは『どれにしようかな……』と迷っていましたが、ヒマワリの花束を買いました。『次はカレーライスの材料ね』。しょうこさんは『くださいな！』と元気よく八百屋さんに入っていきました。『えーと、タマネギとジャガイモと、あとは……ニンジンをください』。そしてお肉屋さんでお肉を買い、『これで材料はそろったね』と言って３人はお家に帰ることにしました。『おばあちゃんの喜ぶ顔が楽しみだね』と言いながら、帰りのバスに乗り込みました」

・上の段です。買い物に出かけるときに乗った乗り物は何でしたか。黒のクーピーペンで○をつけましょう。
・真ん中の段です。お姉さんがおばあさんにプレゼントしたいと言ったものに赤のクーピーペンで○をつけましょう。
・同じところです。３人がカレーライスを作るために買ったものに青のクーピーペンで○をつけましょう。
・下の段です。お姉さんは何色の帽子をかぶって出かけましたか。その色のクーピーペンでお姉さんに○をつけましょう。

個別テスト

5 常識（道徳）・言語

Ⓐ公園の様子、Ⓑ食事の様子の写真がそれぞれ示される。
・この中でよいことをしている子、悪いことをしている子は誰ですか。それぞれ指でさしながらお話ししてください。

集団テスト

行動観察

5、6人のグループに分かれて行う。

・ブロック積み…大きなブロックがたくさん用意されている。お友達と協力してできるだけ高くなるようにブロックを積む。

・タワー作り…段ボール箱5個、半紙100枚、上質紙30枚、新聞紙10枚、セロハンテープが用意されている。お友達と協力し、用意された材料を使ってできるだけ高いタワーを作る。ただし、使える材料はグループで1種類のみとし、紙は使える枚数の指定がある。

集団ゲーム

5、6人のチームに分かれて行う。

・トランプ探しゲーム…教室のいろいろなところに隠された封筒を探し、中のトランプを出して数の順番に並べていく。並べたトランプが多いチームの勝ち。

・パズルゲーム…いろいろなパズルの完成されたお手本がある。別のところにはいろいろなパズルのピースが交ぜられて1ヵ所に用意されている。チームでどのパズルを作るか相談して決め、協力してそのピースを探し出してパズルを完成させる。早く完成したチームの勝ち。

運動テスト

ケンパー

指示された場所をケンパーで進む。

ゴム段跳び

「ターンターンタンタンタン」のリズムに合わせ、1本のゴム段を挟んで左右にジャンプする。

イモムシゴロゴロ

マットの上を横転する。

敏捷性

フープの中にたくさんのカラーボールがある。2mほど離れたところにある別のフープの中に、「やめ」と言われるまでできるだけ早くたくさんのカラーボールを移す。

2023 2022 2021 2020 2019

保護者面接

父 親

・お子さんの受験番号と名前を教えてください。
・本校の印象をお聞かせください。
・本校の富士登山マラソンについてどのように思われますか。
・どのようなお子さんか、具体的にお話ししてください。

母 親

・楽しみにしている本校のプログラムは何ですか。
・子どもだけで登下校することについてのお考えをお聞かせください。
・子どものお手伝いについての考えをお聞かせください。

面接資料／アンケート

考査中に校長先生の講話を聴いた後、「入学に際しての了承事項」に父母各々了承、確認のサインをして提出する。その後、保護者面接が行われる。

・「入学に際しての了承事項（８項目）」を読み、同意できるものに○をつけてください。

特別入試

集団テスト

４人グループに分かれて行う。

巧緻性

ドーナツのような形がかいてある紙を挟んだクリップボード、はさみが入った袋が床に置いてある。
・ドーナツの形の周りをはさみで切りましょう。ドーナツの中の丸も切ってください。

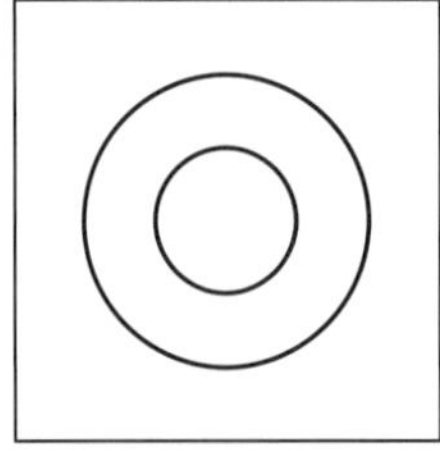

行動観察（ドミノ並べ）

床の上にホワイトボード、ホワイトボード用のマーカー（赤、黒）が用意されている。

・ホワイトボードに赤のマーカーで大きな丸、その中に黒のマーカーで中くらいの丸をかきましょう。その線の上にドミノを並べましょう。

6 親子課題

画用紙4、5枚、鉛筆、消しゴム、クレヨン12色、クーピーペン12色、ウエットティッシュが用意されている。指示された場所に親子のうち1人が絵を見に行き、戻ってから何がどのように描かれていたかを伝え、聞いた家族がその様子を絵に描く。(時間帯や家族によって示される絵が異なる)

〈約束〉

1回目…子どもが見に行き、保護者が描く。何度でも見に行くことができ、そのつど席に戻ってから伝える。

2回目…保護者のうちどちらかが見に行き、子どもが描く。3回まで見に行くことができる。

親子面接

本人

・お父さんとお母さんの名前を教えてください。

・仲のよいお友達はいますか。なぜ、そのお友達が好きなのですか。

父親

・受験番号と受験者氏名をお聞かせください。

・公立小学校のよいところと、本校のよいところをお聞かせください。

母親

・けんかについて、どのようにお考えですか。

・総合学習について詳細に教えてください。

面接資料/アンケート

考査中に校長先生の講話を聴いた後、「入学に際しての了承事項」に父母各々了承、確認のサインをして提出する。その後、親子面接が行われる。

・「入学に際しての了承事項(8項目)」を読み、同意できるものに○をつけてください。

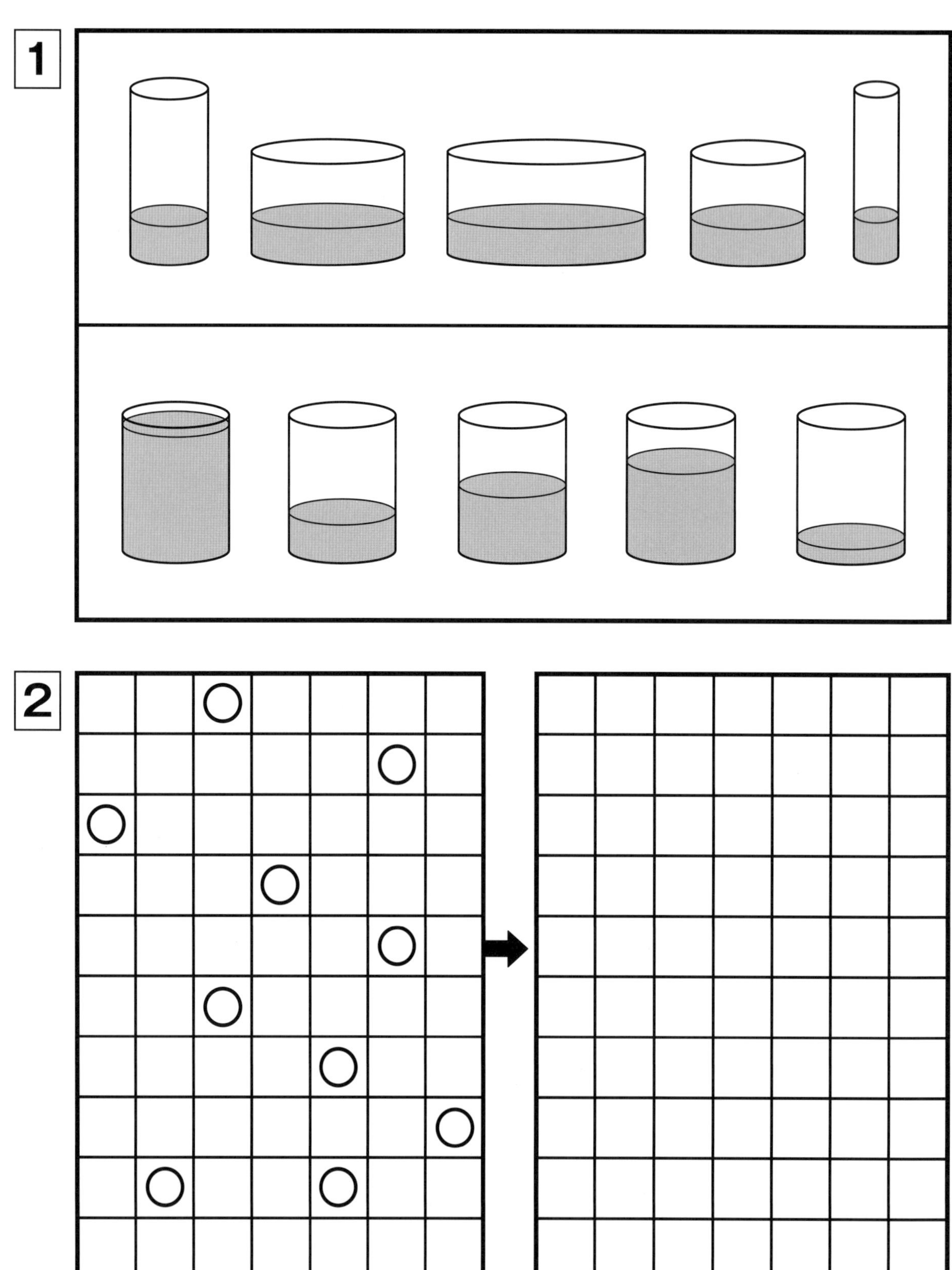
1
2

3

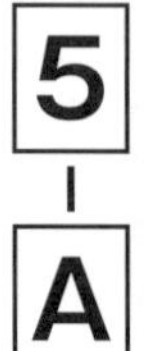

5-B

6

section
2019　昭和女子大学附属昭和小学校入試問題

選抜方法

一般入試と特別入試がある。一般入試の考査は２日間のうち希望する１日で、集団テスト、個別テストを行う。所要時間は約１時間20分。特別入試は体験入学および特別入試説明会への参加が条件で、一般入試より前に行われる。考査は１日で、集団テストを行う。所要時間は約１時間20分。面接はいずれも考査当日に校長先生の講話の後、一般入試は保護者面接、特別入試は親子面接を行う。

一般入試

集団テスト

模倣体操・生活習慣

鉢巻きを腰に巻いてチョウ結びをしてから、テスターのまねをして体操をする。

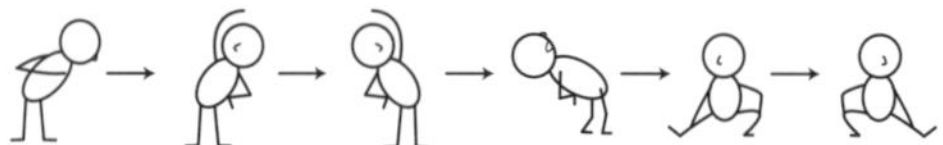

行動観察

ブルーシートの上に上履きを脱いで上がる。グループで協力して、プラスチックのレールをつないで遊ぶ。

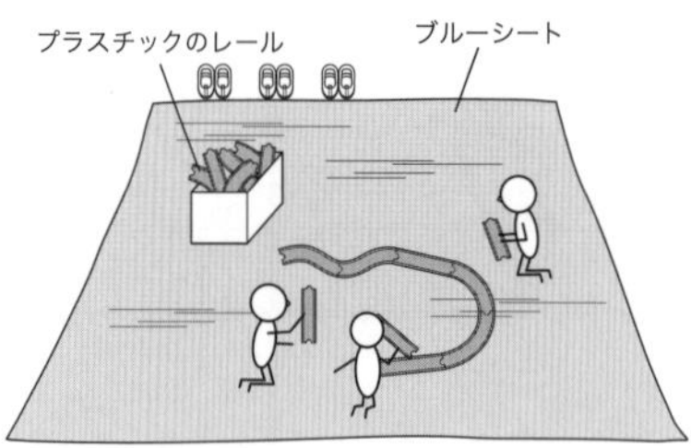

個別テスト

言　語

集団テストの最中に１人ずつ呼ばれて、質問に答える。
・朝ごはんは何を食べてきましたか。
・好きな食べ物は何ですか。

・嫌いな食べ物は何ですか。

保護者面接

父 親

・お子さんの受験番号とお名前を教えてください。
・本校の宿泊行事についてどのように思われますか。
・本校の総合学習について知っていることをお話しください。
・一言で言うと、どのようなお子さんですか。
・お子さんが大切にしているものは何ですか。どうしてそれを大切にしているのですか。
・お子さんの自慢できるところはどこですか。

母 親

・給食についてどのようにお考えですか。
・宿題についてどのようにお考えですか。
・家庭学習についてどのようなことが理想だと思いますか。
・子どもの自立する年齢についてのお考えをお聞かせください。
・ご家庭でいつもお子さんと一緒にやっていることは何ですか。

面接資料／アンケート

考査中に校長先生の講話を聴いた後、「入学に際しての了承事項」に父母各々了承、確認のサインをして提出する。その後、保護者面接が行われる。

・「入学に際しての了承事項（8項目）」を読み、同意できるものに○をつけてください。

特別入試

集団テスト

1 推理・思考（迷路）・巧緻性

台紙、赤鉛筆が用意されている。
・左上の矢印から右上の矢印まで通れる道を探して、線を引きましょう。

生活習慣

割りばし、豆の入ったお皿、紙コップが用意されている。
・割りばしを袋から出して割り、そのおはしでお皿の中の6粒の豆を紙コップに移しましょう。

親子遊び（ドミノ倒し）

名札の色（ピンク、緑、黄色、青）ごとに４つのグループに分かれて行う。台の上に載せてある大きなホワイトボードに、ドミノをどのように並べるかペンで下書きをし、その上に親子で協力してできるだけたくさんドミノを並べる。時間になったら、合図に従いドミノを倒して遊ぶ。

親子面接

本人

・お母さんとお父さんの名前は何と言いますか。
・（親への質問の後）どうしてその本が好きなのですか。

父親

・公立小学校と本校の違いについてお聞かせください。
・お子さんの好きな本は何ですか。

母親

・子育ては父母でどのように役割分担していますか。
・お子さんの好きな本は何ですか。

面接資料／アンケート

考査中に校長先生の講話を聴いた後、「入学に際しての了承事項」に父母各々了承、確認のサインをして提出する。その後、親子面接が行われる。

・「入学に際しての了承事項（８項目）」を読み、同意できるものに○をつけてください。

1

MEMO

［過去問］

2024

サレジアン国際学園 目黒星美小学校 入試問題集

Shinga-kai

サレジアン国際学園目黒星美小学校

過去10年間の入試問題分析 出題傾向とその対策

2023年傾向

ペーパーテスト、個別テスト、集団テストが行われました。2021、2022年度と実施のなかった子どもたちのかかわりを見る集団活動も、自由遊びや集団ゲーム、共同制作などさまざまな課題で行われました。なお、2021、2022年度は親子が別室に分かれてそれぞれ行われた面接ですが、今年度は以前のように親子同室で行われました。

傾　向

2023年4月より、学校名が「目黒星美学園小学校」から「サレジアン国際学園目黒星美小学校」に変更となりました。考査は例年ペーパーテスト、個別テスト、集団テストがあり、考査日前の指定日時に面接が実施されています。2021年度は集団テストがなく、また2011年度から行われていなかった運動テストが2019年度に行われましたが、2020〜2023年度の実施はありませんでした。ペーパーテスト、個別テストを通して、話の記憶、数量、言語、推理・思考、常識、お話作りなど多くの項目が出題されていますが、幼児にとって難問と思われるような課題はほとんどないことから、知育面で年齢相応に発達しているかどうかを見ているといえるでしょう。お話作りでは、４枚の絵を自分で並べ替えてお話を作るものなどが出題されています。また、2019〜2021年度は絵画の課題も出題され、描いた絵を元にした質問をされていますが、絵の巧拙よりも自分の興味のあることについていかに言葉で豊かな表現ができるかがポイントです。絵画の課題は、2022年度は集団テストで実施されました。集団テストでは行動観察、制作などが多く出題され、制作で作ったヨーヨーや迷路などの遊び道具で遊ぶ活動も目立ちます。そのほかにも、それぞれの役割を決めて遊ぶごっこ遊びや集団ゲームなどが行われています。いずれもお友達とのかかわりの中で自分に与えられた役割が果たせているかどうか、集団行動をするうえで必要な社会性が身についているかどうかが見られているといえるでしょう。面接は、2021、2022年度は本人面接と保護者面接に分かれそれぞれ約15分間行われましたが、従来は親子面接が行われています。本人には幼稚園での遊びやお父さんと何をするのが楽しいか、同居家族の名前や家庭でのお手伝いなど、実生活に基づく質問があり、2021、2022年度は質問の後で面接官としりとりやなぞなぞ、体ジャンケンなどが行われました。また、父親には例年、仕事の内容や子どもとのかかわりについて、母親には子どもの好き嫌いやアレルギーのことなどが聞かれています。ほかには入学願書に書かれた志願理由や、学校に期待することについての質問もあります。ペーパーテストや個別テストでの課題ができることはもちろんですが、集団活動の中で年齢相応の振る舞いができる子どもを選抜すると同時に、ご家庭の学校に対する理解度、協力度が問われる考査内容ともいえます。

対　策

出題が広範囲にわたっていますので、これだけを重点的にやればよいということはありません。各課題にスムーズに取り組めるように、長い期間をかけてバランスよく準備していくことが大切です。また、集団で行う課題も多くありますので、集団の中での活動を体験していくことによって、受験に必須の知力、ルールや約束を守る社会性を身につけていきましょう。1人でやればできる課題でも、お友達と一緒に指示を聞いて行うとなると勝手が違ってきます。慣れないうちは、子ども同士で様子をうかがい合って作業が進まなかったり、ふざけ合ったりしてしまうこともあります。集団の中でのお友達とのかかわり方や自分の役割を的確に判断できるようになるためには、さまざまな体験をすることが大切です。多彩な経験を積み、考査では自信を持って行動していけるようにしましょう。ペーパーテストに対応できる準備も必要です。話の記憶は、長いお話でなくてもよいので、ご家庭で絵本の読み聞かせなど物語にふれる機会を増やしていくと同時に、その内容をイメージできるように導くとよいでしょう。読み聞かせに慣れてきたら、絵本を読む際に絵を見せながらではなく、どのような様子なのかをお話ししてイメージさせてから絵を見せるなどの工夫をしてみてください。数量では計数や分割、対応などの基本問題を着実に解答できるようにしておきましょう。また、常識での仲間探しは個別テストでも行われる頻出課題です。果物や野菜、道具などは、生活体験の中で類似点やどのようなときに使うのかといったことを意識させていきましょう。系列完成は毎年出題されていますので、自分で法則を見つける楽しさを経験させながら基本的な問題にあたっておくとよいでしょう。個別テストでは、パターンブロックやカードの枠はめ構成が例年出題されていますので、構成遊びを日常に取り入れ、過去問にも触れておきましょう。同時に机上整理や具体物の扱いにも慣れておきましょう。お話作りでは、お子さんの表現力、語彙力を豊かにするためにもご家庭での会話を増やし、自分の思いを積極的に伝えることの楽しさを経験させることが大切です。また、2022年度の個別テストでは、タブレット端末を操作して解答しました。テスターの指示をよく聞き、素直に取り組むようにしましょう。面接に向けては、学校の建学の精神と教育理念、教育の特色や取り組み方をよく理解し、ご家庭の教育方針とのつながりを見つけて志願理由を明確にしておくことが必要です。公開行事などには積極的に参加するとよいでしょう。日ごろから家庭教育についてご両親でよく話し合い、普段の生活の中でできるだけ実践していきましょう。

年度別入試問題分析表

【サレジアン国際学園目黒星美小学校】

	2023	2022	2021	2020	2019	2018	2017	2016	2015	2014
ペーパーテスト										
話	○	○	○	○	○	○	○	○	○	○
数量	○	○	○	○	○	○	○	○	○	○
観察力										
言語	○		○	○	○	○	○	○	○	○
推理・思考	○	○	○	○			○	○	○	○
構成力			○		○					
記憶										
常識	○		○	○	○	○	○	○		○
位置・置換				○			○			
模写										
巧緻性									○	○
絵画・表現										
系列完成	○	○	○	○	○	○	○	○	○	○
個別テスト										
話	○		○			○	○	○	○	○
数量										
観察力										
言語	○	○	○	○	○	○				○
推理・思考										
構成力	○	○	○	○	○	○	○	○	○	○
記憶						○			○	
常識	○	○	○					○	○	○
位置・置換										
巧緻性										
絵画・表現			○	○	○					
系列完成										
制作										
行動観察						○				
生活習慣										
集団テスト										
話										
観察力										
言語		○								
常識										
巧緻性										
絵画・表現		○								
制作	○			○	○	○	○	○	○	○
行動観察	○	○				○	○	○	○	○
課題・自由遊び	○			○	○	○			○	
運動・ゲーム	○			○	○	○	○			
生活習慣										
運動テスト										
基礎運動										
指示行動					○					
模倣体操					○					
リズム運動										
ボール運動										
跳躍運動										
バランス運動										
連続運動										
面接										
親子面接	○			○	○	○	○	○	○	○
保護者(両親)面接		○	○							
本人面接		○	○							

※伸芽会教育研究所調査データ

小学校受験Check Sheet

お子さんの受験を控えて、何かと不安を抱える保護者も多いかと思います。受験対策はしっかりやっていても、すべてをクリアしているとは思えないのが実状ではないでしょうか。そこで、このチェックシートをご用意しました。1つずつチェックをしながら、受験に向かっていってください。

✱ペーパーテスト編

①お子さんは長い時間座っていることができますか。

②お子さんは長い話を根気よく聞くことができますか。

③お子さんはスムーズにプリントをめくったり、印をつけたりできますか。

④お子さんは机の上を散らかさずに作業ができますか。

✱個別テスト編

①お子さんは長時間立っていることができますか。

②お子さんはハキハキと大きい声で話せますか。

③お子さんは初対面の大人と話せますか。

④お子さんは自信を持ってテキパキと作業ができますか。

✱絵画、制作編

①お子さんは絵を描くのが好きですか。

②お家にお子さんの絵を飾っていますか。

③お子さんははさみやセロハンテープなどを使いこなせますか。

④お子さんはお家で空き箱や牛乳パックなどで制作をしたことがありますか。

✱行動観察編

①お子さんは初めて会ったお友達と話せますか。

②お子さんは集団の中でほかの子とかかわって遊べますか。

③お子さんは何もおもちゃがない状況で遊べますか。

④お子さんは順番を守れますか。

✱運動テスト編

①お子さんは運動をするときに意欲的ですか。

②お子さんは長い距離を歩いたことがありますか。

③お子さんはリズム感がありますか。

④お子さんはボール遊びが好きですか。

✱面接対策・子ども編

①お子さんは、ある程度の時間、きちんと座っていられますか。

②お子さんは返事が素直にできますか。

③お子さんはお父さま、お母さまと3人で行動することに慣れていますか。

④お子さんは単語でなく、文で話せますか。

✱面接対策・保護者（両親）編

①最近、ご家族での楽しい思い出がありますか。

②ご両親の教育方針は一致していますか。

③お父さまは、お子さんのお家での生活や幼稚園・保育園での生活をどれくらいご存じですか。

④最近タイムリーな話題、または昨今の子どもを取り巻く環境についてご両親で話をしていますか。

section
2023 サレジアン国際学園目黒星美小学校入試問題

選抜方法

考査は1日でA日程とB日程がある。受験番号は月齢順で、ペーパーテスト、個別テスト、集団テストを行う。所要時間は約4時間。考査日前の指定日時に親子面接がある。

ペーパーテスト

筆記用具は青の色鉛筆を使用し、訂正方法は＝(横2本線)。出題方法は口頭で、話の記憶のみ音声。

1 話の記憶

「ここはドングリ幼稚園のドングリ広場です。クマ君、ウサギさん、ゾウ君、サル君の4匹が何やら相談をしています。クマ君が『僕は3番がいいな』と言うと、ウサギさんは『わたしはやっぱり最初よね』と言いました。どうやら、来週行われる運動会のリレーの走る順番を決めているようです。ほかのチームとしたこの前の練習で、クマ君たちのチームは思うような結果を出すことができなかったのです。サル君が『この前は、走る順番を背の順番で決めたでしょう。それがいけないよ』と言いました。ウサギさんが『そうかしら。練習をすれば背の順でもいいと思うけど……』と小さな声で答えました。ゾウ君が『ごめんね。順位が一番悪かったのは、僕のせいだよ。だって僕は速く走れないもん』と元気のない声でみんなに謝りました。するとクマ君が『やっぱり大切なのは走る順番。さあ、さっきの続きをしようよ。最初にウサギさん、次がゾウ君、3番目が僕、最後がサル君。これで決まりだ！』と自信満々に走る順番をみんなに伝えました。ウサギさんが『明日の3時にドングリ広場にみんなで集まって、走ってみましょう！』と言うと、みんなはお家に帰っていきました。次の日です。ドングリ広場には、クマ君、ウサギさん、サル君が来ています。しかし、ゾウ君の姿がありません。『昨日、ゾウ君はみんなに謝っていたよね。自分のせいだと思って、走るのが嫌になったのかな？』みんなが心配しています。そのときウサギさんが遠くにゾウ君を見つけて『あっ、ゾウ君だ。どうしたの？』と言いました。ゾウ君は申し訳なさそうにやって来て『ごめん、ごめん。もっと速く走れるように練習していたら、遅れてしまったよ』と、お家で走る練習をしていたことを説明しました。クマ君が『みんなそろったし、さっそく走ってみよう』と言うと、みんなは昨日決めた順番に並びました。『ヨーイ、ドン！』ウサギさんが勢いよくスタートしました。次はゾウ君です。ゾウ君は受け取ったバトンを鼻でしっかり持ち、この前よりも速く走っています。続いてゾウ君からクマ君にバトンが渡ります。『あっ』そのとき、バトンがするりと落ちてしまいました。慌てたクマ君は転がったバトンを拾いに行きますが、時間はどんどん過ぎていきます。クマ君は『ゾウ君が強くバトンを渡すから、僕が落としてしまったんだ』と怒りながら走っています。そして、最後のサル君にバトンを渡しました。サル君は『僕が頑張らないと』と前を見て、力を振り絞ってゴールを目指します。ウサギさんとゾウ君は、『頑張れ、頑張れ』とサル君を応援しています。サル君がゴールしました。しかし、クマ君だけは下を向いています。クマ君が『さっきバトンを落としたのは……ゾ』と言いかけたとき、ゾウ君が『僕が強くバトンを渡してしまって……クマ君、ごめんよ』と言いました。ウサギさんが『だいじょうぶよ。みんなで一生懸命走ったもの』と優しく言いました。サル君も、『運動会の日にバトンを落とさないように、練習すればいいよ』と続けて言いました。クマ君は『みんな、僕のせいにしないな。ゾウ君は謝ったのに、僕はゾウ君のせいにしようとしていた』とみんなの話を聞きながら思っていました。クマ君は大きな声で『みんな、ごめんね。ゾウ君のせいじゃないよ。僕がしっかりバトンを持てなかったよ。やっぱり練習が大切だね』と言いました。みんなは『うんうん』とうなずいています。そして運動会の日がやって来ました。クマ君、ウサギさん、ゾウ君、サル君は、みんな笑顔です。４匹はこの日のために、毎日毎日練習をしました。バトンを渡すときは『はい』と声を出すこと、ゴールを目指して前を見て走ること、そして一番大切なことは、みんなで応援し合うこと。この３つのことに気をつけて練習してきたので、チームワークは完璧です。クマ君は『ゾウ君、君からバトンをもらうことが僕はとてもうれしいんだ』とゾウ君に話しかけました。ゾウ君も『僕も同じだよ。クマ君に僕のパワーを渡す気持ちで、バトンを渡しているよ』と返事をしました。その話を聞いていたほかの２匹も『僕も走ることが楽しみ』『わたしも』と言って、４匹は手をつないでスタートの場所に向かっていきました」

- ４匹はどの順番でリレーを走りましたか。左から順に正しく並んでいる絵を選んで、四角に○をかきましょう。
- 走る順番が決まったときのクマ君は、どんな様子でしたか。合うものに○をつけましょう。
- バトンを落としたときのクマ君は、どんな様子でしたか。合うものに○をつけましょう。
- 「頑張れ、頑張れ」とサル君を応援していた動物に○をつけましょう。
- 運動会の日、リレーのスタートの場所に向かう４匹はどのような様子でしたか。合う絵に○をつけましょう。

2 数 量

- イヌとネコを同じ数にするには、ネコはあと何匹いればよいですか。その数だけ、星のところに○をかきましょう。
- イヌが５匹お散歩に行きました。今、イヌは何匹残っていますか。その数だけ、四角のところに○をかきましょう。

3 数　量

・あきさんは5つ、弟は3つクリを拾いました。2人で合わせていくつのクリを拾いましたか。クリの横に、その数だけ○をかきましょう。

・その後、クリを2つ拾い、拾ったクリを2人で同じ数ずつ分けました。1人分はいくつになりますか。お皿の横に、1人分の数だけ○をかきましょう。

4 言語（しりとり）

・左から順にしりとりでつながるように絵を選んで、それぞれ○をつけましょう。

5 常識（数詞）

・上と下で同じ数え方をするもの同士を選んで、点と点を線で結びましょう。

6 推理・思考（対称図形）

・左端の折り紙の黒いところを切って開くと、どのようになりますか。右から選んで○をつけましょう。

7 系列完成

・形が決まりよく並んでいます。星とハートの四角に入る形を下から選んで、それぞれ○をつけましょう。

8 推理・思考（水の量）

・上のようにコップに氷が入っています。氷が全部溶けるとどのようになりますか。正しいと思う下の絵に○をつけましょう。

9 常識（仲間分け）

・それぞれの段で、仲よしでないものを選んで○をつけましょう。

個別テスト

10 お話作り

・4枚の絵カードがつながるように、流れを考えてお話を作りましょう。

11 常識（道徳）・言語

・いけないことをしている人は誰ですか。指でさしてください。その理由もお話ししましょう。

言語（なぞなぞ）

テスターが例として子どもになぞなぞを出す。その後、子どもも自分で考えてテスターになぞなぞを出す。テスターが例として出すなぞなぞは「気をつけているのにすべっている鳥は何ですか（答え：ツル）」「ドーナツを食べる季節はいつですか（答え：夏）」など。

12 常　識

果物や野菜の描かれた絵カードが用意される。
・この中から、果物を選んでください。
・この中から、木になる果物を選んでください。

13 構　成

両面に枠がかかれた台紙、ジッパーつきビニール袋に入った赤、青、緑、オレンジ色各２個、黄色１個のパターンブロックが用意されている。
・台紙の枠にピッタリ入るように、全部のパターンブロックを置きましょう。

集団テスト

行動観察

テスターが絵本「お月さまってどんなあじ？」（マイケル・グレイニエツ文・絵　いずみちほこ訳　らんか社刊）を読み聞かせる。お話を聞いた後、テスターからの質問に挙手をし、指名された子どもが答える。
・最初にお月様をかじってみようと思ったのはどの動物ですか。
・カメの背中に乗ったのはどの動物ですか。
・お月様はどんな味だと思いますか。

指示行動

テスターが「10時のおやつは」と言い、両腕を時計の10時の針の位置になるように上げる。鈴が４回鳴った後、３種類のうちどれか１つのおやつを言うので、お約束のポーズをとる。何回かくり返し行う。
〈約束〉
シュークリーム：しゃがんで両手で頭を抱える。
チーズケーキ：足を肩幅に広げ、腕で三角を作るように、両腕を前に伸ばして手を合わせる。
ソフトクリーム：両腕を頭上に伸ばして手を合わせる。

シュークリーム

チーズケーキ

ソフトクリーム

集団ゲーム（ボール運びリレー）

4、5人ずつの2チームに分かれて行う。レンゲを1つずつ持って、グループごとに1列に並ぶ。先頭の人はレンゲにピンポン球を載せ、数メートル先にあるコーンを回って戻り、次の人のレンゲにピンポン球を渡す。ピンポン球を落としたときは手で拾い、またその場所から始める。一巡したら、体操座りをして待つ。

自由遊び

積み木コーナー、折り紙コーナー、工作コーナー（紙コップ、紙皿、フェルトペン、セロハンテープなどが用意されている）、塗り絵コーナーがあり、好きなコーナーで自由に遊ぶ。

共同制作（お弁当作り）

4、5人のグループに分かれて行う。おにぎりだけが入ったお弁当箱が描かれた模造紙(黄緑)、白画用紙(小)、バランやおかずカップが描いてあるさまざまな色の台紙が用意され、道具としてクレヨン、スティックのり、はさみが人数分より少なく用意されている。グループで相談しながら白画用紙におかずを描き、周りを切り取ってバランかおかずカップの台紙に貼る。できたおかずをお弁当箱の中に貼り、みんなで協力してお弁当を作る。

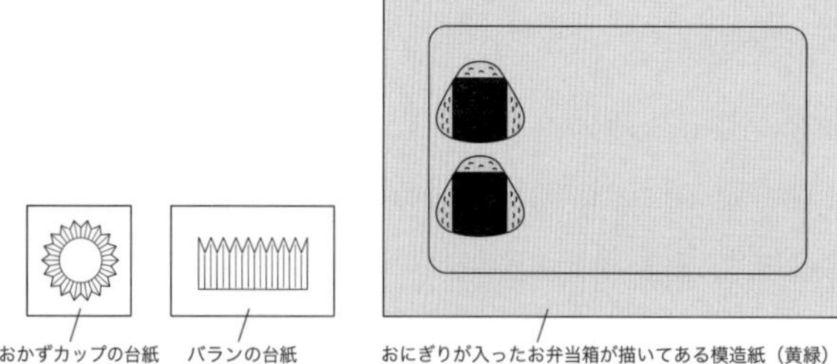
おかずカップの台紙　バランの台紙　おにぎりが入ったお弁当箱が描いてある模造紙（黄緑）

親子面接

親子ともに着席し、同室で面接を受ける。

本人

・お名前、幼稚園（保育園）の名前、お誕生日を教えてください。
・何人家族ですか。
・家族全員の名前を教えてください。
・お家、またはお父さんかお母さんの電話番号を教えてください。

- 幼稚園（保育園）の先生の名前を教えてください。
- 幼稚園（保育園）でする好きな遊びは何ですか。
- お手伝いは何をしていますか。
- お家の人にはどのようなときにほめられますか。
- お家の人にはどのようなときにしかられますか。
- 家族としているお約束は何ですか。
- 大きくなったら何になりたいですか。

父 親

- 志望理由を教えてください。
- キリスト教教育についてのお考えをお聞かせください。
- お仕事の内容をお聞かせください。
- お仕事をするうえで、感銘を受けた人物を教えてください。
- 将来、どのような教育や人材が必要になると思いますか。
- お子さんの性格を教えてください。
- お子さんの成長を感じた最近の幼稚園（保育園）でのエピソードを教えてください。
- 子育ての中で、うれしいこと、幸せを感じることは何ですか。
- 戦争についての報道を、お子さんにどのように伝えていますか。

母 親

- 幼稚園（保育園）でのお子さんの様子について、教えてください。
- 幼稚園（保育園）の出来事で、お子さんから困ったことを相談されたことはありますか。
- 子育てで大切にしていることは何ですか。
- お子さんのご様子を見て困ったと感じたときは、ご夫婦でどのように話し合いますか。
- 本校の教育方針で共感するところはありますか。
- 本校でお子さんにどのように育ってほしいですか。
- アレルギーや食べ物についての心配はありますか。
- お子さんに体調面での不安はありますか。また、体調不良のときはお迎えに来られますか。

1

2023 2022 2021 2020 2019 2018 2017 2016 2015 2014

1

2

3

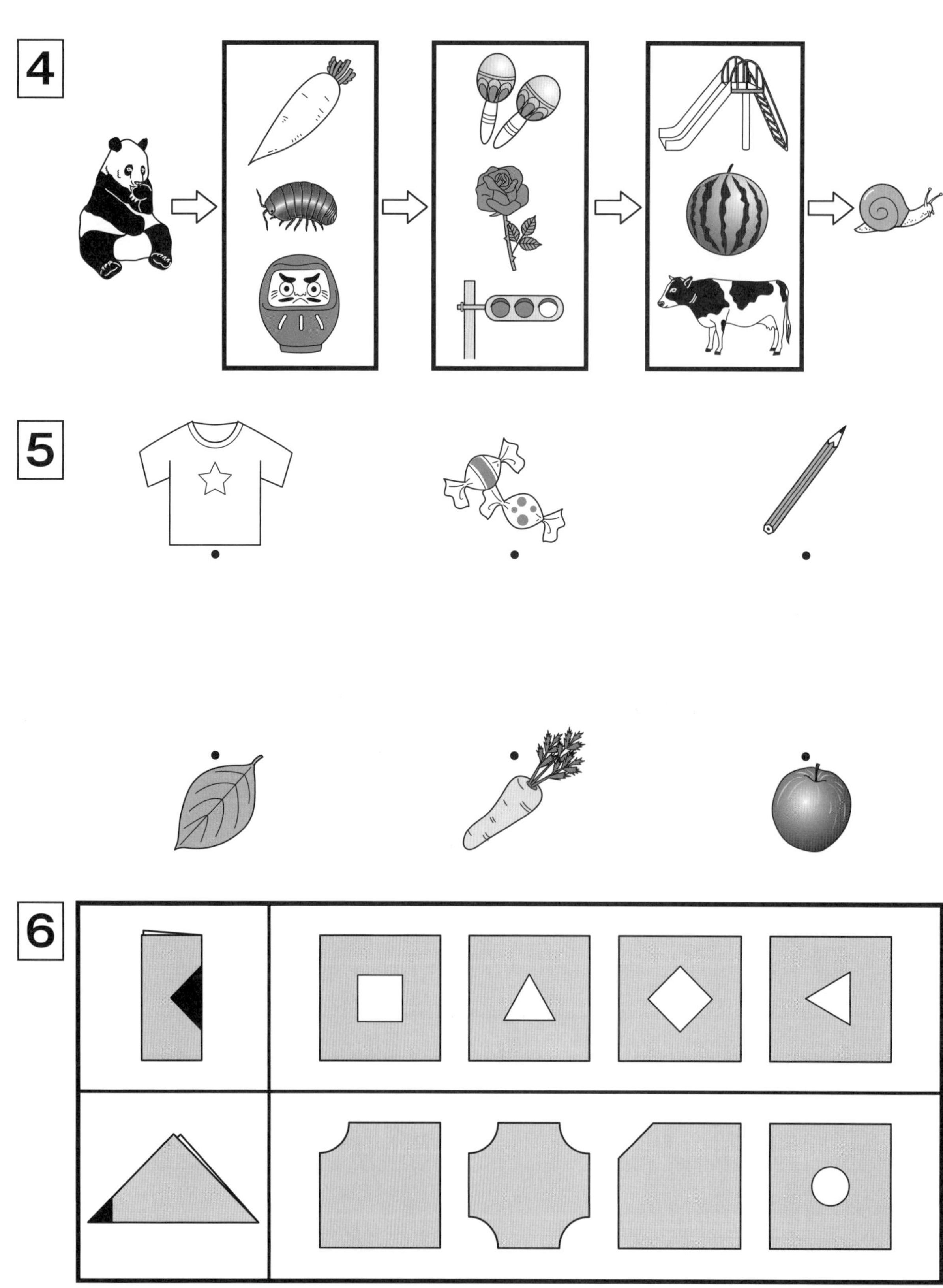

2023 2022 2021 2020 2019 2018 2017 2016 2015 2014

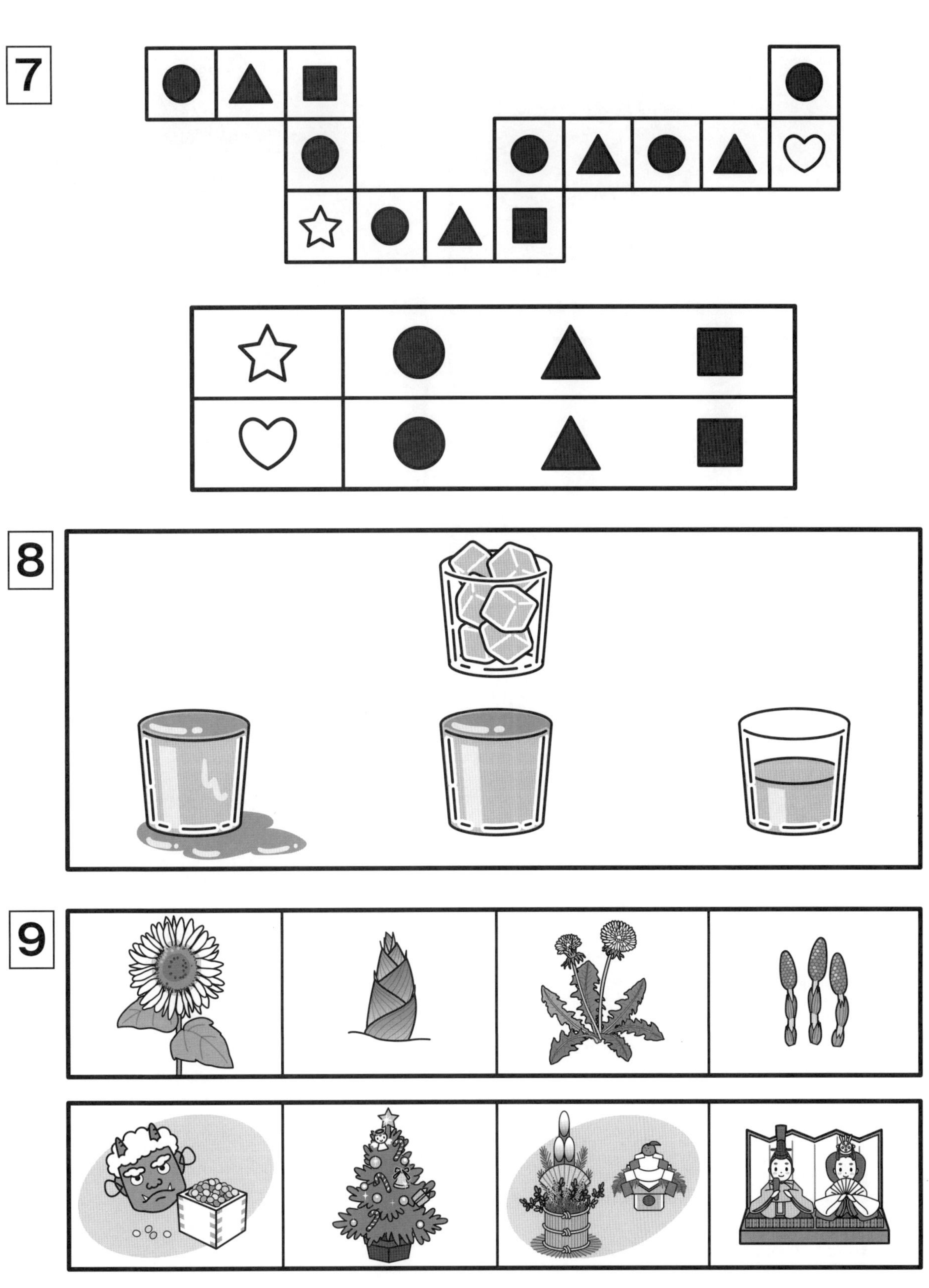
7
8
9

10

11

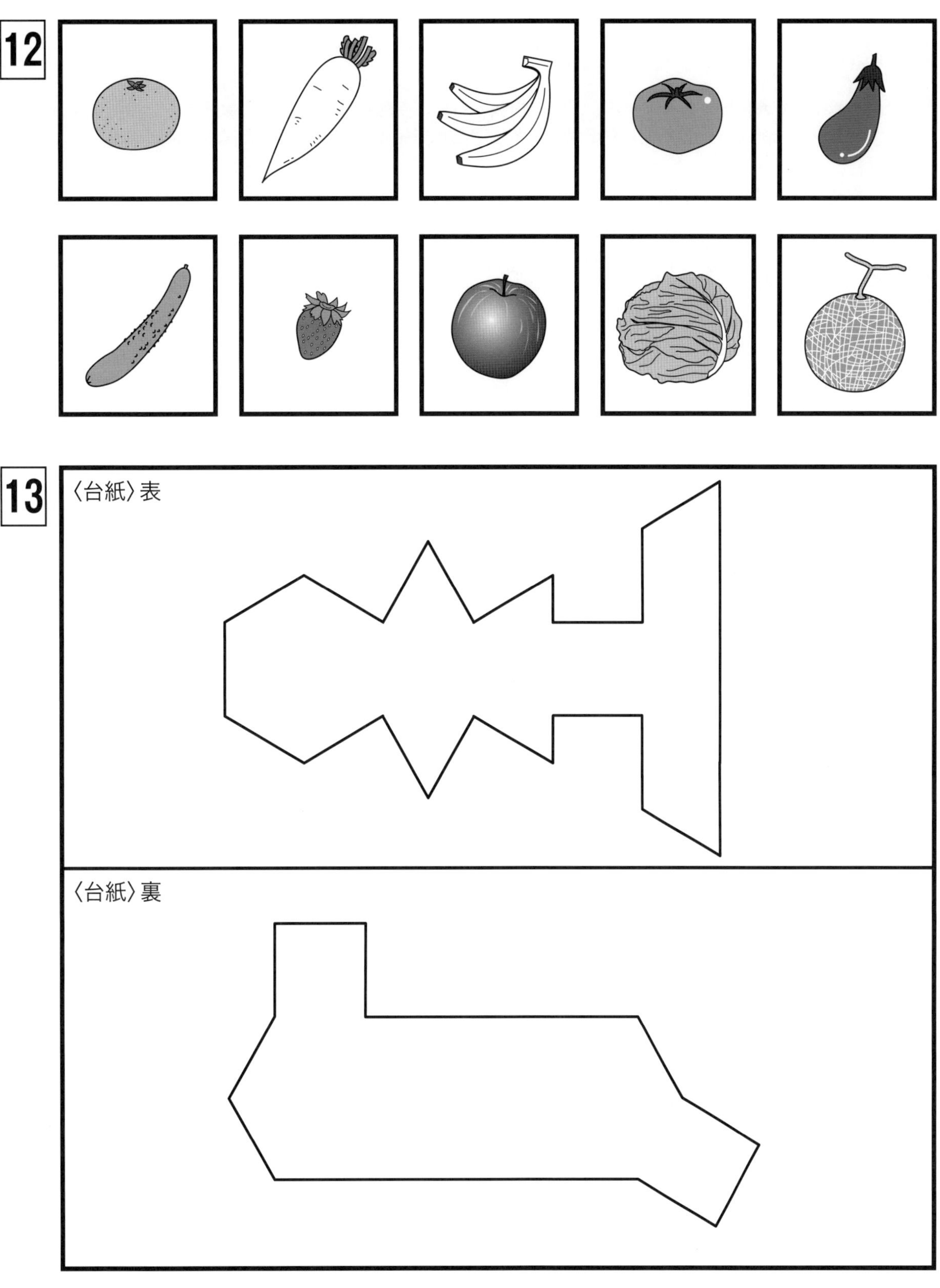
12
13
〈台紙〉表
〈台紙〉裏

2022 目黒星美学園小学校入試問題

選抜方法

考査は1日でA日程とB日程があり、両日出願も可能。受験番号順にペーパーテスト、個別テスト、集団テストを行う。所要時間は約2時間。考査日前の指定日時に本人面接と保護者面接がある。

ペーパーテスト

筆記用具は青の色鉛筆を使用し、訂正方法は ＝(横2本線)。出題方法は口頭で、話の記憶のみ音声。

1 話の記憶

「暖かな春の日、クマ君はお友達のキツネ君の誕生日をお祝いするために、朝から大きなケーキを焼きました。『キツネ君の大好きな、木の実がたくさん入ったケーキ。喜んでくれるかな？』ケーキの仕上げには、キツネ君のしっぽのようにフワフワしたクリームの飾りをつけました。お皿にのせてガラスのふたをかぶせて、いよいよ完成です。キツネ君のために心を込めて書いたお誕生日カードも、ポケットに大事にしまいました。『よし！　これで準備は完璧。さあ、キツネ君にプレゼントを届けるぞ！』クマ君は、キツネ君のお家に向かいました。クマ君が歩いていると、向こうからウサギさんが大きな袋を抱えて歩いてきました。見ると、抱えた袋からたくさんの荷物がこぼれ落ちています。『わあ、大変だ！』クマ君はケーキがのったお皿を近くの切り株の上にそっと置き、ウサギさんと一緒に荷物を拾いました。『クマ君、どうもありがとう！　本当に助かったわ。ところで、そんなに大きなケーキを持ってどこへ行くの？』『今日はキツネ君のお誕生日だから、今からお祝いに行くんだ』。『あら、そうなのね。すてきなお誕生日になるといいわね。それじゃあ、いってらっしゃい』。ウサギさんと別れて、クマ君はまた歩き出しました。フワフワだったケーキのクリームが、少しだけ崩れてしまいました。歩いていくと、大きなモミノキを見上げて困っている様子の、ネコのおじいさんがいました。『こんにちは。どうしたんですか？』『やあ、クマ君。実はね、帽子が風に飛ばされて、木の枝に引っかかってしまったんじゃ。わしはもう年だから、木に登れなくてね。お気に入りの帽子だったから、困っているんじゃよ』。見上げてみると、枝には確かに、大きなつばのついた帽子が引っかかっています。『おじいさん、このケーキを持っていてもらえますか？』そう言うとクマ君は木に登り、枝に引っかかっている帽子を取ってあげました。『おお、助かった。ありがとう、クマ君。ところで、こんなに大きなケーキを持ってどこに行くんじゃ？』『キツネ君のお誕生日だから、お祝いに行くんです』。『そうかそうか。気をつけていってらっしゃい』。暖かい日差しに照らされて、ケーキのクリームがまた崩れてしまいました。『急がないと、せっかくのケーキが大変なことになっちゃう』。クマ君は急ぎ足で、キツネ君のお家に向かいました。キツネ君のお家がやっと遠くに見えてきたときです。今度は道端の切り株に、ぐったりと座っているタヌキさんを見つけました。クマ君は心配になって、タヌキさんの顔をのぞき込みながら声をかけました。『タヌキさん、どうしたの？』『ああ、クマ君。実はゆうべから何も食べていなくて、おなかがペコペコなの。もうこれ以上動けないわ』。グウウウウウ、とタヌキさんのおなかの音まで聞こえてきました。クマ君はタヌキさんの今にも泣き出しそうな顔と、自分の持っているケーキを代わる代わる見つめ、考えてから言いました。『タヌキさん、このケーキを食べて！　ちょっと形が崩れちゃったけど……』『えっ！　いいの？　これは誰かへのプレゼントなんじゃないの？』『そうなんだけど、おなかがペコペコのタヌキさんを放っておけないよ』。そう言ってクマ君は、キツネ君にあげるはずだったケーキをタヌキさんに渡しました。タヌキさんは、喜んでケーキを食べました。『はあ、おなかいっぱい！　クマ君、本当にありがとう。助かったわ』。タヌキさんの元気な顔を見て、クマ君は安心しました。それからまた歩きだし、クマ君はキツネ君のお家に着きました。けれども『キツネ君にあげるプレゼントがなくなっちゃた。どうしよう……』と困ってしまい、お誕生日カードを見つめていました。そのときです。『あっ、クマ君！　来てくれたんだね』と声がしてクマ君が顔を上げると、キツネ君がお家の扉を開けてこちらを見ていました。『クマ君、どうしたの？』クマ君はキツネ君と一緒にお家に入ると、今までのことを話しました。『そうだったんだね。でも僕は、誰にでも優しいクマ君が大好きだよ』。すると、トントンと誰かが扉をたたく音がしました。扉を開けると、ウサギさんとネコのおじいさんとタヌキさんが立っていました。『キツネ君がお誕生日だと聞いて、お祝いに来たのよ』。そう言って、それぞれキツネ君にプレゼントをあげました。最後にクマ君が、キツネ君にお誕生日カードを渡しました。『うわあ。すてきなカードだ！　クマ君の心のこもったお誕生日カードをもらえて、僕は本当にうれしいよ。これからもずっとお友達だよ』。キツネ君から嬉しい言葉をかけてもらって、クマ君はとびきりの笑顔になり、『うん、お友達だよ！』と答えました。そして、みんなで楽しい時間を過ごしました」

- クマ君はキツネ君のお誕生日に、何が入ったケーキを作りましたか。合う絵に○をつけましょう。
- ネコのおじいさんがかぶっていたのはどんな帽子でしたか。合う絵に○をつけましょう。
- クマ君がタヌキさんにあげたのはどんなケーキでしたか。合う絵に○をつけましょう。
- キツネ君のお家に着いたとき、クマ君はどんな顔をしていたと思いますか。合う絵に○をつけましょう。
- カードを渡した後、キツネ君に言葉をかけてもらって、クマ君はどんな顔になりましたか。合う絵に○をつけましょう。

2 系列完成

・左上の四角から順番に、果物が決まりよく並んでいます。黒い星と四角のところに入る果物を、下からそれぞれ選んで○をつけましょう。

3 数量（進み方）

・子どもとお母さんが、それぞれ矢印の方向にマス目を進みます。今いるマス目から一緒にスタートして、子どもは2マスずつ、お母さんは3マスずつ進むと、2人はどこのマス目で出会いますか。そのマス目に○をかきましょう。

4 推理・思考（重さ比べ）

・シーソーで重さ比べをしました。2番目に重い果物を下の四角から選んで○をつけましょう。

5 数　量

・男の子と女の子が、それぞれの下に描いてある分だけリンゴを持っています。2人のリンゴを合わせるといくつになりますか。その数だけ、星のところに○をかきましょう。
・男の子と女の子は、それぞれリンゴを2個ずつ食べました。残ったリンゴを合わせた数だけ、黒い四角のところに○をかきましょう。

6 数　量

・子どもが風船を持っています。一番多く持っている子どもは、いくつ持っていますか。その数だけ、星のところに○をかきましょう。
・全部の風船を4人で同じ数ずつ分けると、1人分はいくつになりますか。その数だけ、黒い四角のところに○をかきましょう。

個別テスト

構　成

枠がかかれた台紙、さまざまな形のパターンブロックが用意されている。
・台紙の枠にピッタリ入るように、パターンブロックを置きましょう。（置いた後、用意された紙コップにブロックを片づけるよう指示がある）

7 言語（しりとり）

タブレット端末を使用する。画面に絵が映し出される。
・鉛筆から始めて、しりとりでつながるように指でたどりましょう（たどった線が画面に現れる）。

8 常識（道徳）

タブレット端末を使用する。画面に絵が映し出される。

・図書室で、先生が絵本の読み聞かせをしてくれています。でも、いけないことをしている子がいるようです。その子に指で○をつけましょう（なぞったところに○が現れる）。

常識（数詞）

タブレット端末を使用する。画面に絵が映し出される。

・今から画面に出てくるものは、どのように数えますか。お話ししてください(バナナ、絵本、車、葉っぱなどが順に映し出される)。

9 常　識

タブレット端末を使用する。画面に絵が映し出される。

・この中で、男の子の影が一番長くなるときの太陽はどれですか。その太陽を選び、指で○をつけましょう（なぞったところに○が現れる）。

集団テスト

行動観察

テスターが絵本「ちいさいモモちゃん　あめこんこん」（松谷みよ子作　中谷千代子絵　講談社刊）を読み聞かせる。お話を聞いた後、テスターからの質問に挙手をし、指名された子どもが答える。

絵画（課題画）

白画用紙、クレヨン（12色）が用意されている。

・好きな動物と遊んでいる絵を描きましょう。

言　語

絵画の途中で質問される。

・どのような絵を描いていますか。

本人面接

控え室を親子で出た後、子どもと親は別の部屋へ誘導され、親子別々に面接を行う。

本　人

・お名前を教えてください。
・幼稚園（保育園）と先生の名前を教えてください。
・幼稚園（保育園）では何をして遊ぶのが好きですか。
・何人家族ですか。誰がいますか。
・お家の電話番号か、お父さん、お母さんの電話番号を知っていますか。

※面接の後、面接官の動きのまねやしりとり、なぞなぞのほかに、体ジャンケン（グー：両手を握り胸の前で交差する、チョキ：左手を上げ右手は前へ真っすぐ伸ばす、パー：両手を開いてバンザイする）を行った。

保護者面接

父親

・志望理由を教えてください。
・キリスト教教育を行う学校ですが、その点はいかがですか。
・どのようなお子さんですか。
・お仕事をするうえで大切にしていることは何ですか。
・コロナ禍ではどのように過ごしていますか。
・コロナ禍となる前と後で変わったことは何ですか。
・子育てをしていて、お子さんの様子から学ぶことは何ですか。

母親

・お子さんに、食べ物の好き嫌いはありますか。
・お子さんにアレルギーはありますか。
・お子さんの体力面で気になるところはありますか。
・お子さんは、お父さまとお母さまのどちらに似ていますか。どのようなところが似ていますか。
・（仕事をしている場合）急なお迎えには対応できますか。
・育児をしていて、喜びを感じることは何ですか。
・幼稚園（保育園）の先生からのお話で、うれしかったことやお家での様子と違っていて意外だったことなどがあったら、お話しください。

1

2

3

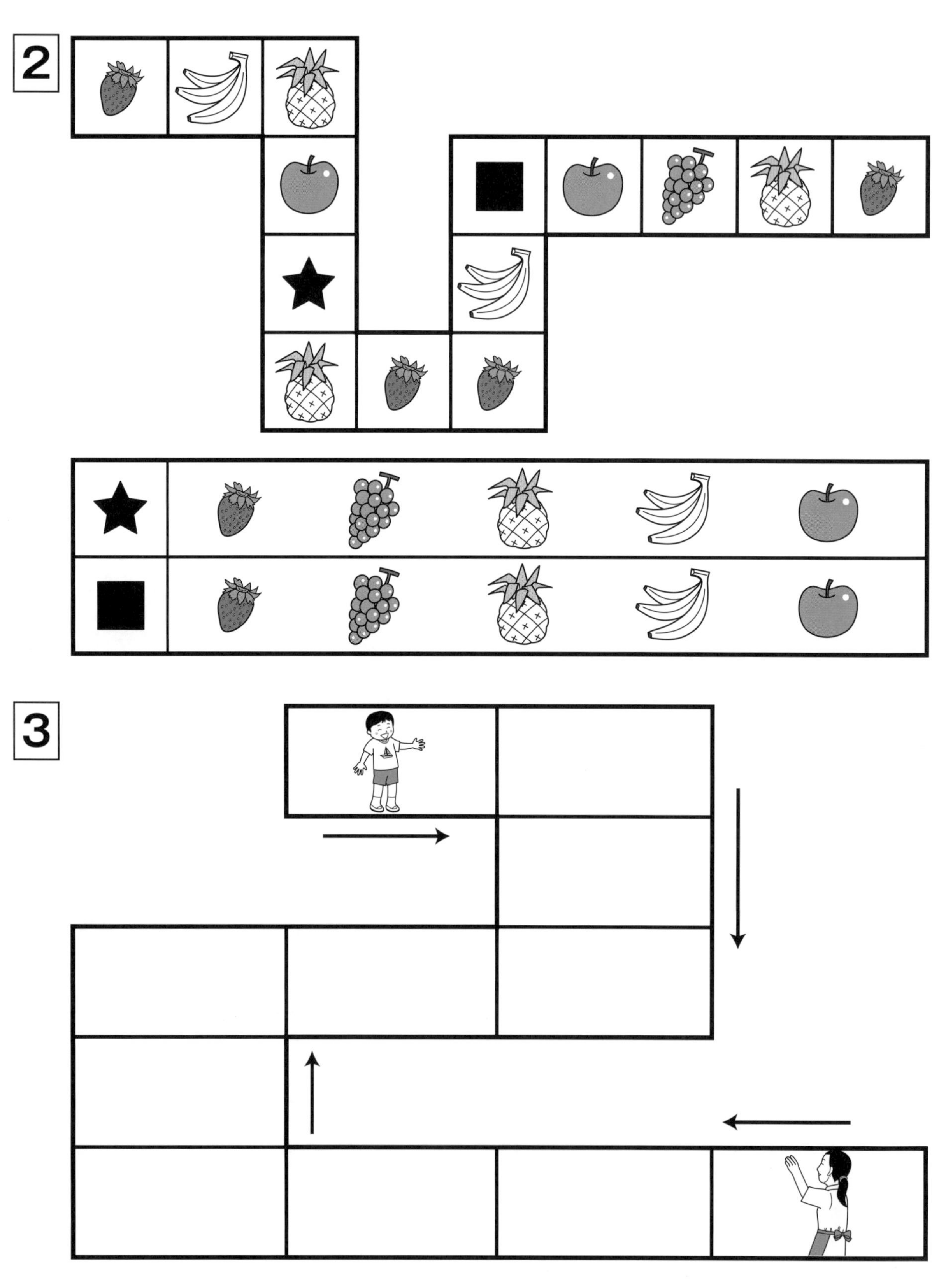

4

5

6

★	
■	

7

8

9

section
2021　目黒星美学園小学校入試問題

選抜方法

考査は1日でA日程とB日程があり、両日出願も可能。受験番号順にペーパーテスト、個別テストを行う。所要時間は1時間30分～2時間。考査日前の指定日時に本人面接と保護者面接がある。

ペーパーテスト

筆記用具は青の色鉛筆を使用し、訂正方法は＝(横2本線)。出題方法は口頭。

1　話の記憶

「春の暖かな日、たけ君が公園で遊んでいると『たけ君、遊ぼう！』とお友達のひろ君がやって来ました。たけ君とひろ君は大の仲よしです。いつもこの公園で一緒に遊んでいます。『うん、遊ぼう！』とたけ君が答えました。最初に2人はブランコに乗りました。でも、たけ君はブランコを漕ぐのがあまり上手ではありません。たけ君が『僕もひろ君みたいに上手に漕ぎたいな』と言うと、ひろ君がブランコから降りてきて『こうすると上手に漕げるよ』と教えてくれました。ひろ君にコツを教えてもらって、たけ君のブランコはどんどん高くなっていきます。『すごい！　空がどんどん近くなってくるね』。たけ君は初めて上手にブランコに乗ることができて、思わずニッコリしました。ひろ君もたけ君のうれしそうな顔を見て、一緒に笑ってくれました。次は砂場で遊びます。2人で相談して、大きなお城を作ることになりました。たけ君はお城を高く作ることが上手です。ひろ君は、たくさんの砂をせっせとバケツに入れて、たけ君のところに運びます。2人は協力して、絵本に出てくるような立派なお城をどんどん作っていきます。『ひろ君、もう少しで完成だね。お城のてっぺんに旗を立てたいんだけれど、何かいいものがないかな？』『葉っぱを旗の代わりにしたらどうかな？』『いいアイデアだね。そうしよう！』『やったあ。完成だ！』2人は大喜びで飛び上がりました。次はかくれんぼをすることになりました。初めはひろ君がオニです。たけ君はベンチの後ろに隠れました。『3、2、1……もういいかい？』『もういいよ』。たけ君はすぐにひろ君に見つかってしまいました。次はたけ君がオニです。『もういいかい？』『まあだだよ』『もういいかい？』『まあだだよ』。ひろ君の声が少しずつ遠くなっていきます。『もういいかい？』『もういいよ』。たけ君はひろ君を探し始めました。でも、どこを探しても見つかりません。『ひろ君、どこへ行ったんだろう？』青かった空も少しずつオレンジ色に変わってきたので、たけ君はだんだん心配になってきました。すると、草むらの中からガサガサと何かが動く音がしました。たけ君がその音のする方を見ると、青い帽子が見えました。『あっ！　ひろ君、見いつけた！』するとひろ君が『ううん』と声を出しました。たけ君は『ひろ君、だいじょうぶ？』と声をかけました。ひろ君は目をこすりながら『あれ？　見つかっちゃった！　僕は知らないうちに眠ってしまったんだね』と言います。たけ君は『ずいぶん探したよ！　よかった』と安心しました。そして２人は顔を見合わせてニッコリしました。『今日もたくさん遊んで楽しかったね』『うん、そうだね』『また明日も遊ぼうね』。そう言って２人はさよならをしてお家に帰っていきました」

・月のところです。ブランコに乗っているたけ君が「すごい！　空がどんどん近くなってくるね」と言っているときの、ひろ君の顔に○をつけましょう。
・たけ君たちが作った砂のお城が正しく描かれた四角に○をつけましょう。
・リボンのところです。かくれんぼでひろ君がなかなか見つからなかったときの、たけ君の顔に○をつけましょう。
・ハートのところです。ひろ君が隠れていたのはどこですか。○をつけましょう。
・葉っぱのところです。ひろ君を見つけたときのたけ君の顔に○をつけましょう。

2 言語（しりとり）

・「眼鏡」から始めて、全部の絵がしりとりでつながるように線で結びましょう。

3 言　語

・「ぬいている」ということをしている様子の絵に○をつけましょう。

4 推理・思考（対称図形）

・上の絵のように、１回折った折り紙の点線のところをはさみで切ります。切った折り紙を開くとどのようになりますか。下から選んで○をつけましょう。

5 系列完成

・左上の四角から果物が決まりよく並んでいます。星とハートのところに入る果物を、右の長四角からそれぞれ選んで○をつけましょう。

6 数　量

・朝、左の絵のように駐車場に車がとまっていました。お昼に５台出ていき、その後に３台入ってきました。今、駐車場にとまっている車は何台ですか。その数だけ、太陽のところに○をかきましょう。
・今とまっている車が、その日の夜になるとさらに４台出ていき、その後に２台入ってきました。駐車場にとまっている車は何台になりましたか。その数だけ、月のところに○をかきましょう。

7 数量（分割）

・チューリップを3本ずつ花瓶に生けます。花瓶はいくつあればよいですか。その数だけ、花瓶の横に○をかきましょう。

8 構　成

・左端に描かれた積み木を崩さずに組み合わせると、どんな形ができますか。できる形全部に○をつけましょう。

9 常　識

・上の生き物の足跡を下から選んで、点と点を線で結びましょう。

10 推理・思考（鏡映図）

・上の絵の女の子は鏡に向かって立っています。鏡にはどのように映っていますか。下から選んで○をつけましょう。

個別テスト

11 お話作り

・4枚の絵カードがつながるように、流れを考えてお話を作りましょう。

12 構　成

枠がかかれた台紙、白、青、赤、オレンジ色各2個、黄色、緑各1個のパターンブロックが用意されている。

・台紙の枠にピッタリ入るように、パターンブロックを置きましょう。

常識（季節）

9枚の絵カード（ひな祭り、タンポポ、タケノコ、十五夜、焼きいも、コスモス、バラ、七夕、節分）が用意されている。

・秋のカードと春のカードを3枚ずつ選び、春のカードは左に、秋のカードは右に置きましょう。

絵画（課題画）

・お休みの日に、家族みんなでお出かけしている様子を描きましょう。

言 語

絵画の途中で質問される。

・何をしているところを描いているのですか。

・今、描いている人は誰ですか。

・このほかに、お休みの日にすることはありますか。

本人面接

控え室を親子で出た後、子どもと親は別の部屋へ誘導され、親子別々に面接を行う。

本 人

・名前、幼稚園（保育園）名を教えてください。

・幼稚園（保育園）の担任の先生の名前を教えてください。

・お誕生日を教えてください。

・お家の電話番号、お父さん、お母さんの携帯電話の番号を知っていますか。

・何人家族ですか。家族全員の名前を教えてください。

・幼稚園（保育園）ではどんな遊びをしますか。お部屋の中で遊ぶのと外で遊ぶのは、どちらが好きですか。

・幼稚園（保育園）で雨の日は何をして遊びますか。

・お家ではどのようなお手伝いをしますか。

・お父さん、お母さんにはどんなときにほめられますか。

※面接の後、面接官としりとり、なぞなぞのほかに、体ジャンケン(パー：両手を広げる、チョキ：手を交差する、グー：手を前で合わせる）を行った。

保護者面接

父 親

・志望理由を教えてください。

・本校ではキリスト教教育を行っていますが、ご理解いただいていますか。

・本校の教えの中で、父親として共感するのはどのようなところですか。

・ご家庭での父親の役割は何だと思いますか。

・ご自身の仕事で大切にしていることは何ですか。

・コロナ禍での自粛期間中、家でどのようなことをして過ごされましたか。

・(男児の場合) 中学受験について、どのようにお考えですか。

母　親

- お母さまの視点からの志望動機をお聞かせください。
- お子さんの健康状態はいかがですか。
- お子さんにはアレルギー面で注意することはありますか。
- 本校の教えの中で、母親として共感するのはどのようなところですか。
- 幼稚園（保育園）の先生からは、どのようなお子さんだと言われていますか。
- お子さんのやる気を引き出すために、どのような工夫をしていますか。
- お子さんがご家庭の約束に反したときは、どのような声掛けをしますか。
- 幼稚園（保育園）の先生に最近言われたことで、考えたことはありますか。
- 緊急時などお迎えが必要なときに学校から連絡があった場合、すぐ対応できますか。

1

2

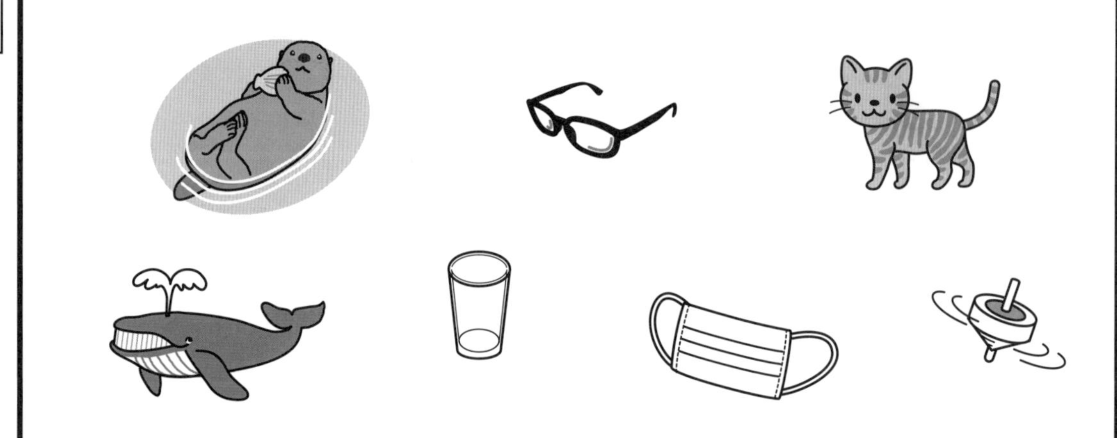

3

4

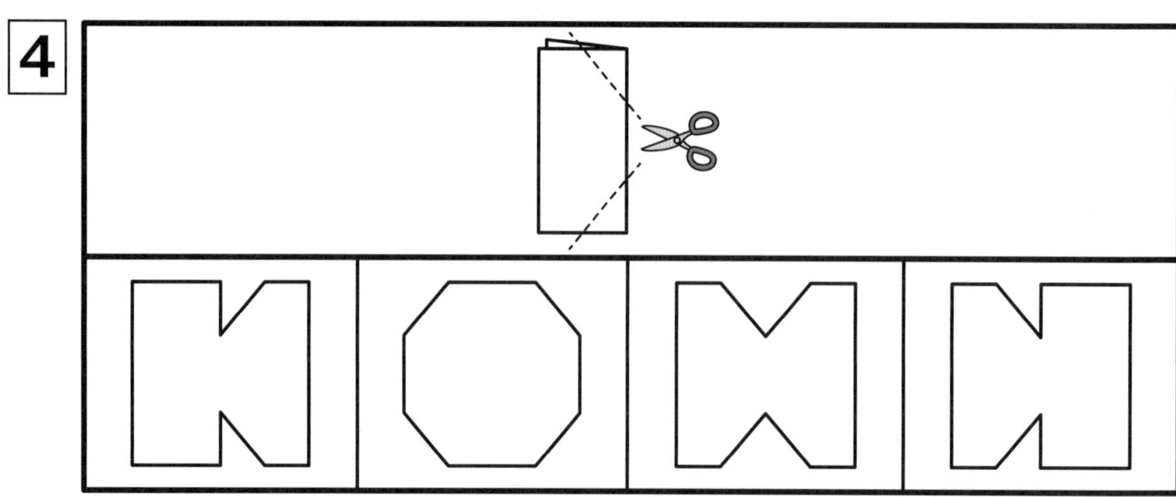

5

6

7

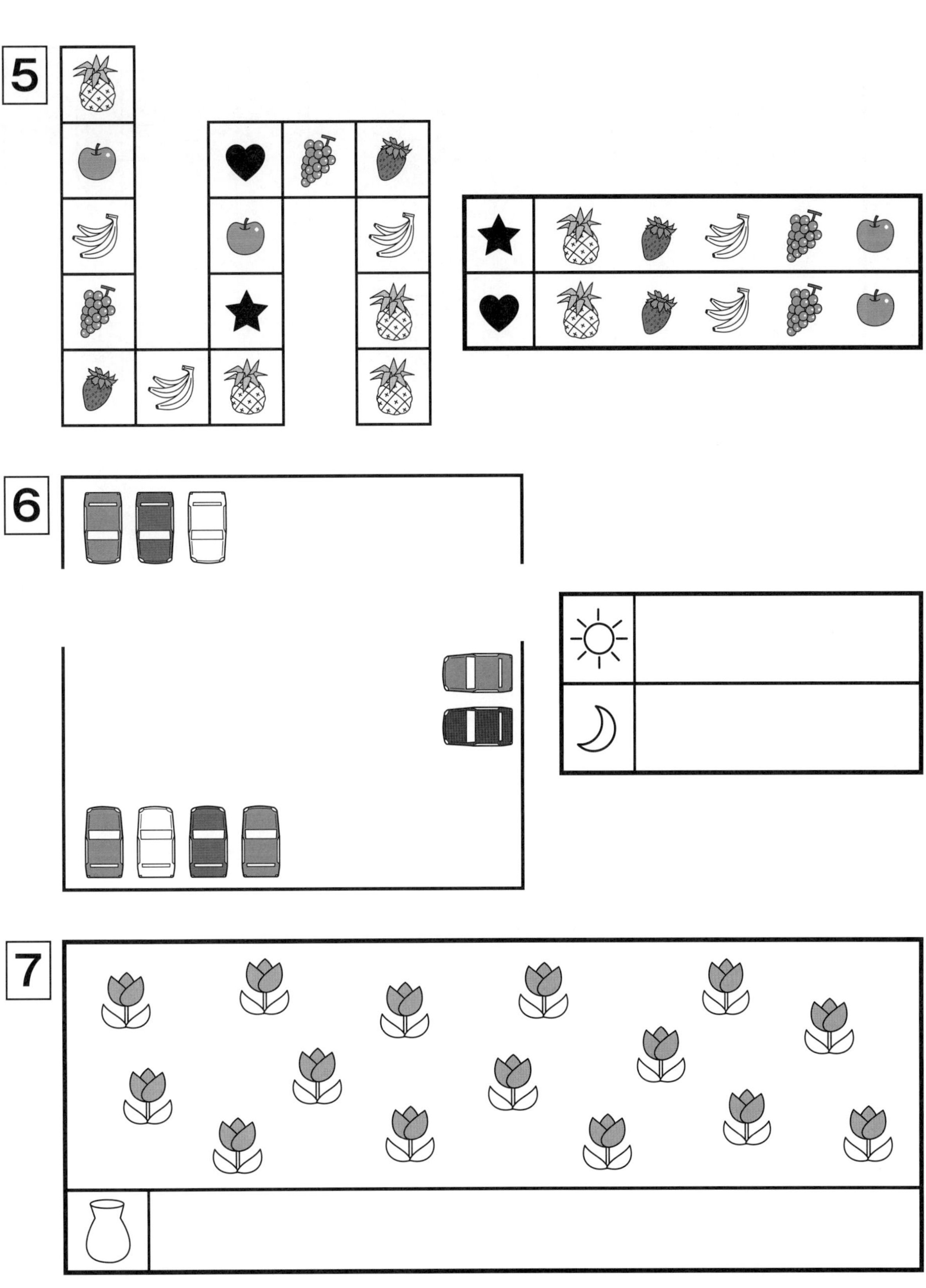

8

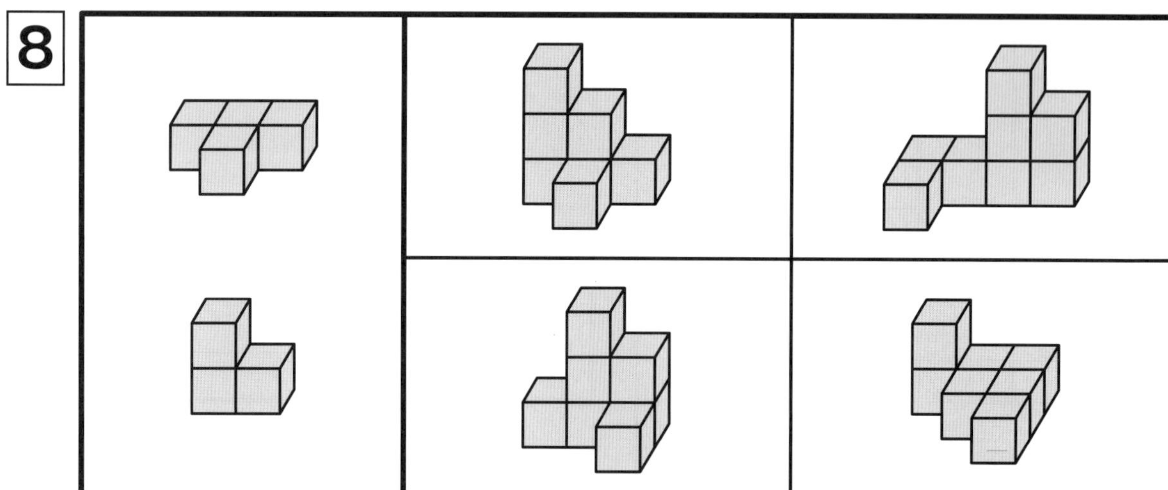

9

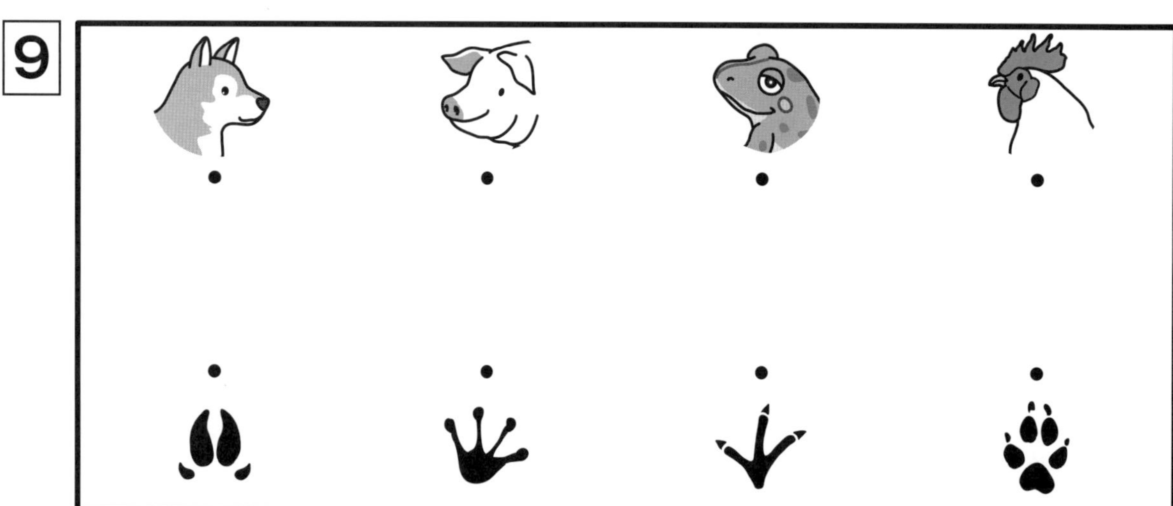

10

11

12

section
2020 目黒星美学園小学校入試問題

選抜方法

考査は１日でA日程とB日程があり、両日出願も可能。受験番号順にペーパーテスト、個別テスト、集団テストを行う。所要時間は約３時間。考査日前の指定日時に親子面接がある。

ペーパーテスト

筆記用具は青の色鉛筆を使用し、訂正方法は ＝(横２本線)。出題方法は口頭。

1 話の記憶

「『明日は楽しいおイモ掘り遠足よ』とお母さんがくみちゃんに言いました。うれしいはずの遠足ですが、くみちゃんの頭の中は今日幼稚園であったことでいっぱいです。実は今日くみちゃんは、仲よしのあきちゃんと積み木の取り合いでけんかになってしまったのです。くみちゃんは我慢できずにあきちゃんに強く言ってしまい、まだ仲直りできていません。『明日、あきちゃんに会うのがいやだな』とくみちゃんは思っていました。けんかのことを話すと、お母さんは『だいじょうぶよ、あきちゃんはきっとそんなに気にしていないわよ』と言いました。次の日の朝、みんなが幼稚園に集まりました。空には少し雲がありますが、太陽が出ています。くみちゃんはポケットが２つついたリュックサックを背負い、花柄の水筒をかけて黄色い帽子をかぶって、出発の準備はばっちりです。『おはよう、くみちゃん。今日のおイモ掘り、楽しみね』と先生がくみちゃんに声をかけ、顔をのぞき込みました。『あれ、元気がないわね。仲よしのあきちゃんがお休みだから、元気がないのかな？』『えっ！』くみちゃんは驚きました。なんと、あきちゃんは風邪を引いてしまったというのです。それからみんなでバスに乗って、おイモ掘りをする畑に向かいました。バスの中でくみちゃんは、あきちゃんのことをずっと考えていました。『さあ、おイモ畑に着きましたよ』と先生が言いました。バスを降りると、くみちゃんは一目散に先生のところに駆けていって言いました。『先生、お願いがあります』『どうしたの、くみちゃん』『あきちゃんの分のおイモも掘っていいですか？』すると先生は笑顔で『くみちゃん、お願いします』と言いました。『よし、頑張るぞ！』と言って、くみちゃんはまず初めにあきちゃんの分のおイモを掘りました。長くて大きなおイモが１本掘れました。『やった！　あきちゃん、喜ぶかな』と、くみちゃんはおイモを袋に入れました。次に自分のおイモを掘りました。細い小さなおイモが１本と、丸い大きなおイモが１個掘れました。先生が『これもあきちゃんにあげようね』と言って、小さな丸いおイモを２個くれました。『あきちゃん、明日は元気になって幼稚園に来てくれるといいな。あきちゃんが来たらおイモを渡そう。そうだ、そのときあきちゃんに強く言ってしまったことを謝ろう』と、くみちゃんは思いました。『ただいま』とお家に帰ったくみちゃんは、遠足で疲れてはいたけれど、明るく元気なあいさつをしました」

・「明日はおイモ掘り遠足よ」と言われたときのくみちゃんの顔に○をつけましょう。
・くみちゃんのリュックサックと水筒が正しく描かれた四角に○をつけましょう。
・ハートのところです。あきちゃんの分のおイモはどれですか。それぞれのおイモ1つずつに○をつけましょう。
・星のところです。くみちゃんの分のおイモはどれですか。それぞれのおイモ1つずつに○をつけましょう。
・「あきちゃんの分のおイモも掘っていいですか」と先生に聞いたときのくみちゃんの顔に○をつけましょう。

2 言語（しりとり）

・左上のリスから始めてしりとりでつなげていったとき、1つだけつなげないものを探して○をつけましょう。

3 言語（同尾語）

・左上の四角にあるものと、名前の最後の音が同じもの全部に○をつけましょう。

4 系列完成

・マス目の中に矢印が決まりよく並んでいます。星とハートのところには、どのような矢印が入るとよいですか。それぞれ正しいものを選んで○をつけましょう。

5 推理・思考（水の量）

・左端のコップに入った石を取ると、コップの水はどのようになりますか。右から選んで○をつけましょう。

6 常識（仲間探し）

・上のものと仲よしのものを下から選んで、点と点を線で結びましょう。

7 数　量

・お友達からリンゴを5個もらいました。妹に3個あげた後、お母さんがお買い物から帰ってきて4個くれました。それから弟に2個あげました。今、残っているリンゴは何個ですか。その数だけ、下の長四角に○をかきましょう。

8 推理・思考（四方図）

・横から見ると三角に見え、下から見ると丸に見える形を、下の長四角から選んで○をつけましょう。

9 位置の移動

・マス目の中を、これから先生が言うように星が進みます。手はひざの上に置いたまま聞きましょう。初めに上に3マス進みます。次に右に2マス進みます。次に下に2マス進みます。次に左に4マス進みます。それから上に3マス進み、下に2マス進みます。今星がある場所に、○をかきましょう。

10 数量（分割）

・上の3人の子どもたちが、大きな四角の中のアメ、ケーキ、ソフトクリームを仲よく同じ数ずつ分けると、それぞれ何個余りますか。余るおやつの数だけ、下のそれぞれの絵の横に○をかきましょう。

個別テスト

11 構　成

枠がかかれた台紙、さまざまな形のパターンブロックが適宜用意されている。

・左の台紙の枠にピッタリ入るように、パターンブロックを置きましょう。

・右の台紙の枠にピッタリ入るように、パターンブロックを置きましょう。

絵画（課題画）

・幼稚園（保育園）で遊んでいる様子を描きましょう。

・家族みんなで何かをしている絵を描きましょう。

言　語

自由遊びの間に個別に呼ばれ、口頭で答える。

・どのような絵を描きましたか。

・どうしてその絵を描いたのですか（描いた絵の内容から発展させて、いくつか質問される）。

集団テスト

集団ゲーム（ドンジャンケン）

2チームに分かれ、向かい合って1列に並ぶ。テスターの合図で1人ずつ前に進み、出会ったところで相手チームのお友達とジャンケンをする。勝ったらそのまま進み、相手チームの次の子と出会ったところでジャンケンをする。負けたら「負けました」と言って戻り、自分のチームの列の後ろにつく。

集団ゲーム（フープリレー）

6人のグループに分かれて横1列に並び、お友達と手をつなぐ。先頭の子にテスターがフープをかけたら、お友達と手をつないだままフープをくぐり、隣の子にフープを送っていく。最後尾の子にフープが渡ったら全員で座る。

集団ゲーム（グループジャンケン）

3人ずつのチームに分かれ、3チーム対抗で行う。チームごとに相談してグー、チョキ、パーのどれを出すか決め、決まったら足ジャンケンをする。

自由遊び

紙コップ、紙皿、洗濯ばさみなどを使って遊ぶコーナー、積み木コーナー、お絵描きコーナーなどがあり、好きなコーナーで自由に遊ぶ。トライアングルが鳴ったら片づける。

共同制作（水族館作り）

5人程度のグループに分かれて行う。B5判の白画用紙、水色の模造紙、箱に入ったクレヨン、スティックのり、はさみが用意されている。グループで協力して、①～③の作業を行う。

①白画用紙に魚を描き、形に沿ってはさみで切る。
②作った魚を水色の模造紙のどこに置くかを相談し、決まったらスティックのりで貼る。
③貼り終わったら、それぞれ好きな魚に名前をつける。

親子面接

親子ともに着席し、同室で面接を受ける。

本人

・お名前と幼稚園（保育園）の名前を教えてください。
・幼稚園（保育園）の担任の先生の名前を教えてください。
・仲のよいお友達の名前を教えてください。
・お母さんの得意なことは何ですか。
・お家か、お母さんの電話番号を知っていますか。
・お父さんのお誕生日を知っていますか。

- 幼稚園（保育園）では、外で遊ぶのと中で遊ぶのはどちらが好きですか。
- お家では何をして遊びますか。
- どんな絵本が好きですか。
- お父さん、お母さんにはどのようなことでほめられますか。
- お父さん、お母さんの好きなところはどこですか。
- 家族でどこに行くのが好きですか。

父 親

- 志望動機を教えてください。
- キリスト教教育を行う学校ですが、その点はいかがですか。
- お仕事をする上で、何を大切にしていますか。
- ご家庭での教育方針についてお聞かせください。

母 親

- お子さんの健康状態はいかがですか。
- お子さんにアレルギー面で注意するところはありますか。
- 本校の教育にどのようなことを期待されていますか。
- 子育てで大切にしていることは何ですか。
- しつけで一番気をつけていることは何ですか。
- お子さんはご両親のどちらに似ていますか。
- お子さんから、幼稚園（保育園）でのお話をいつ聞いていますか。
- 幼稚園（保育園）の先生に、どのようなお子さんだと言われていますか。
- しつけにおいて父親と母親の役割をどのようにお考えですか。

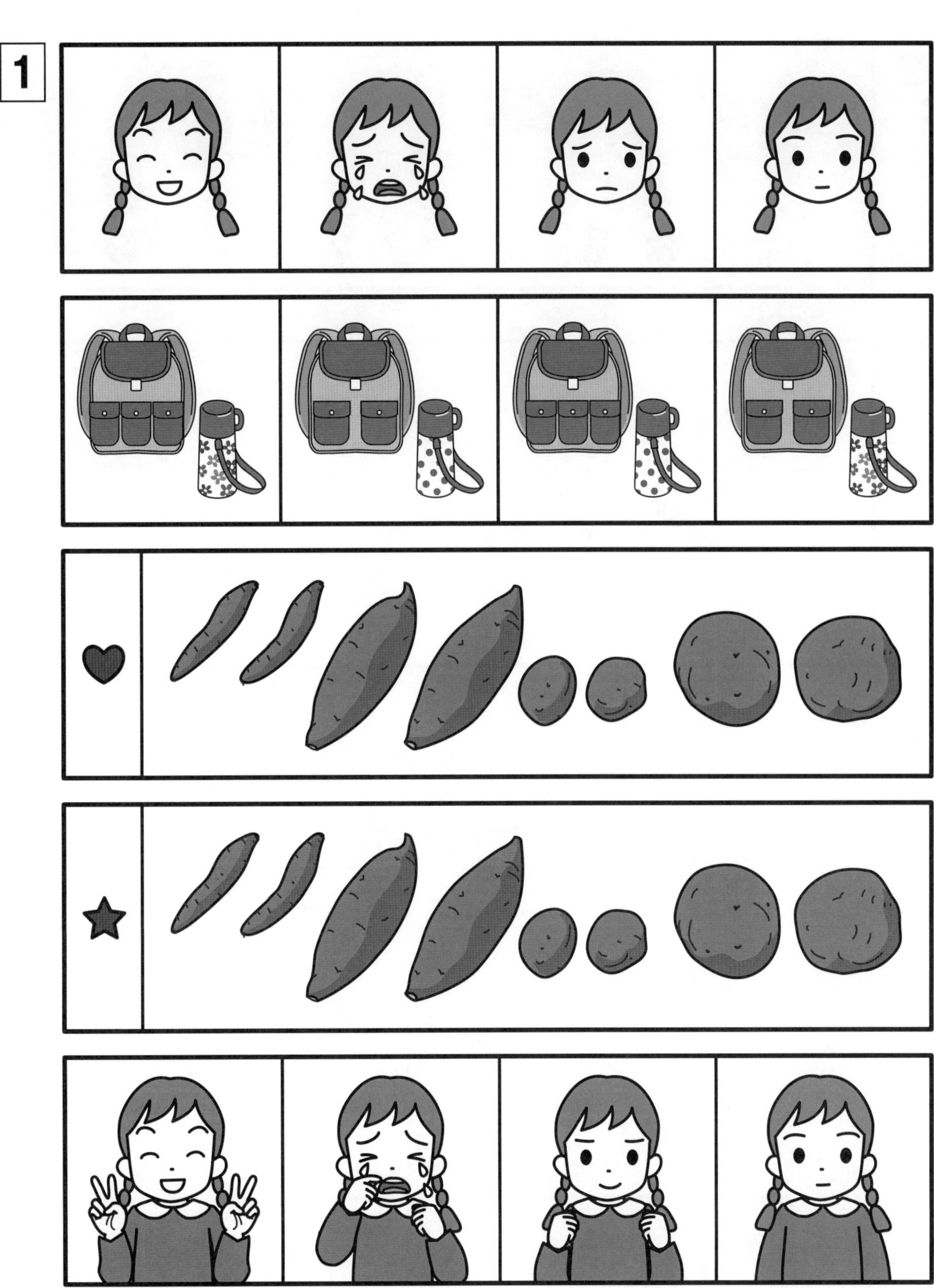

2

3

4

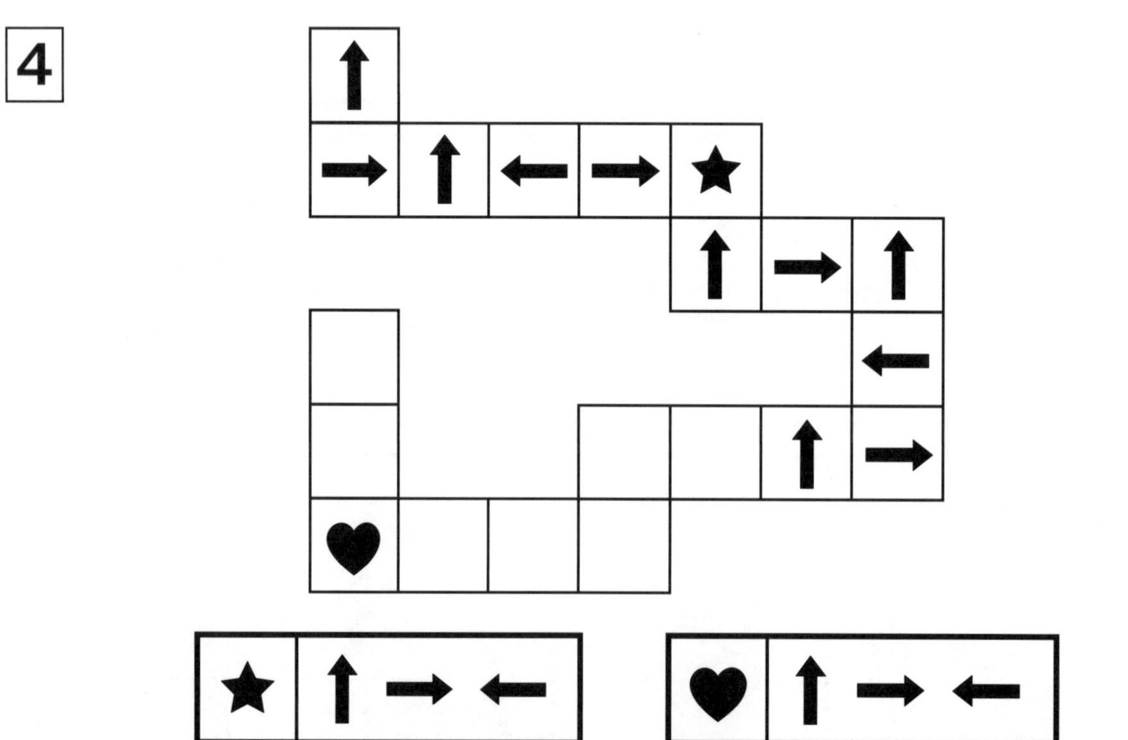

5

6

7

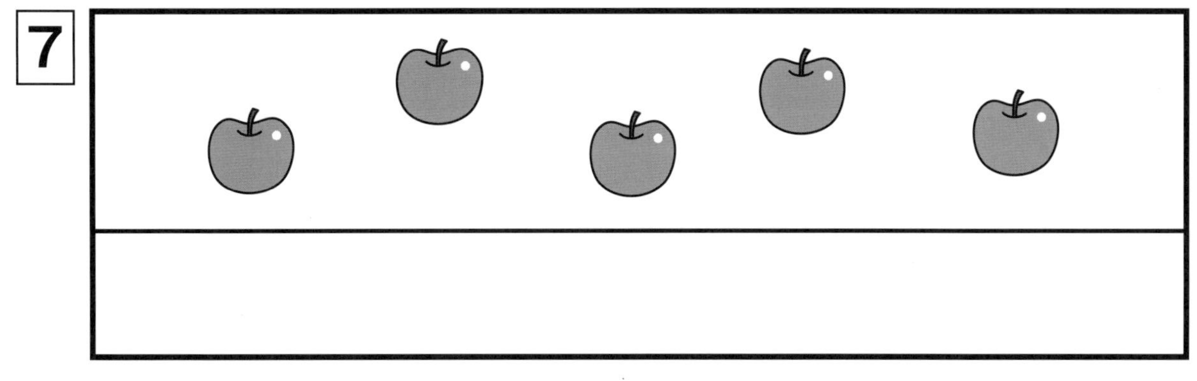

8

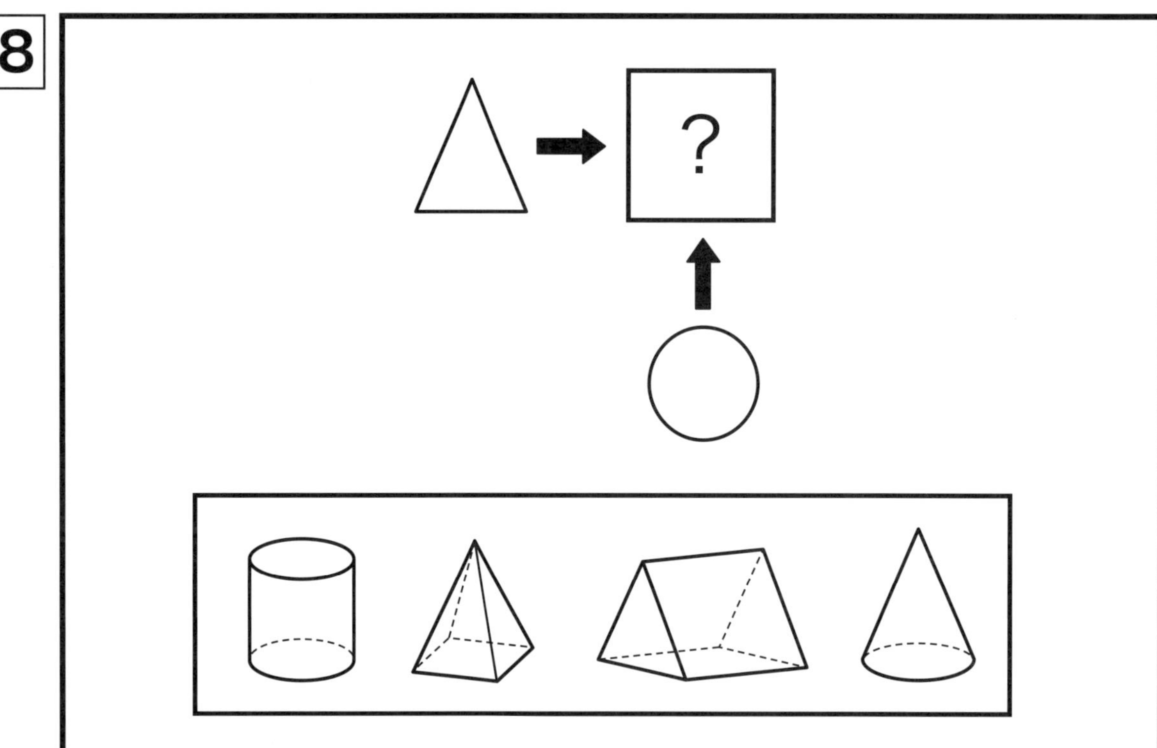

9

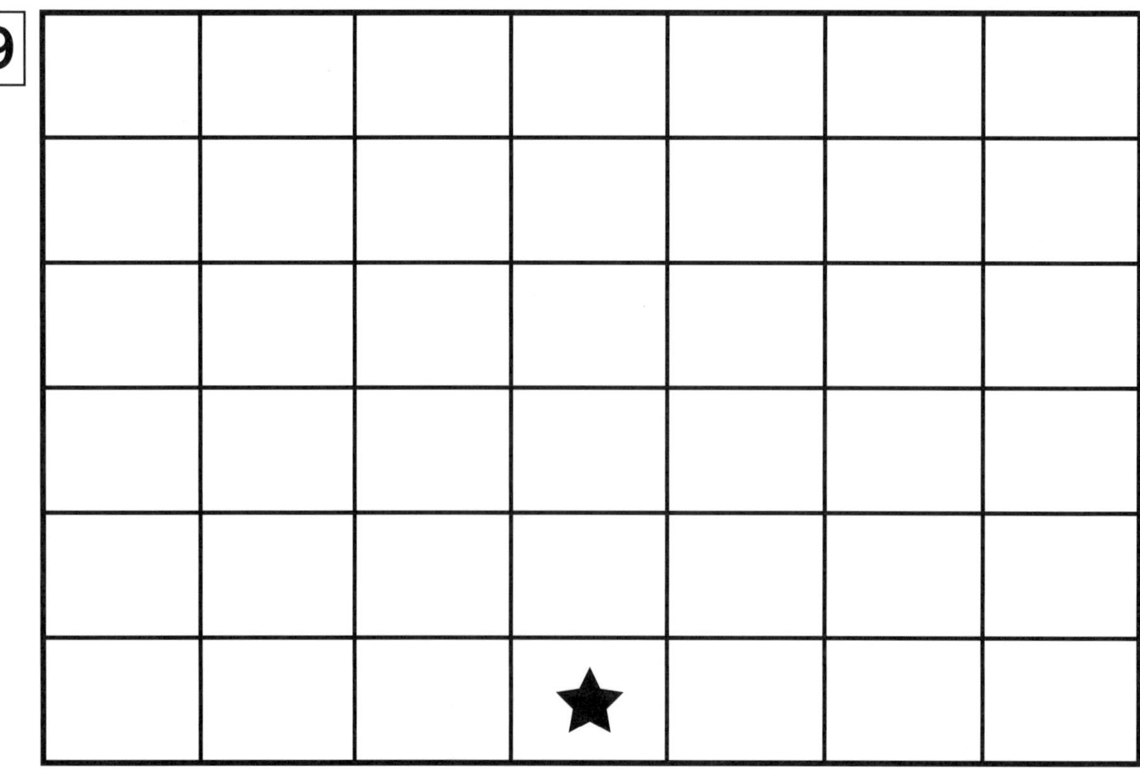

10

11

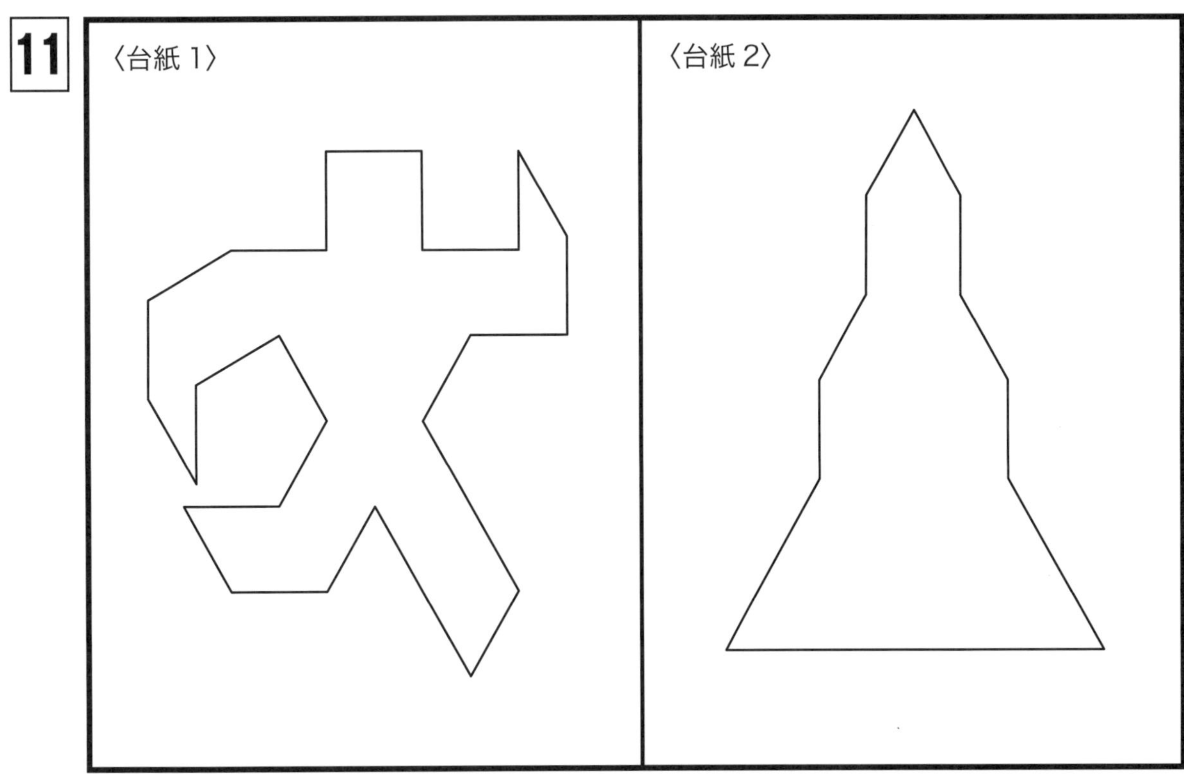

section

2019 目黒星美学園小学校入試問題

選抜方法

考査は１日でＡ日程とＢ日程があり、両日出願も可能。受験番号順にペーパーテスト、個別テスト、集団テスト、運動テストを行う。所要時間は約３時間。考査日前の指定日時に親子面接がある。

ペーパーテスト

筆記用具は青の色鉛筆を使用し、訂正方法は ＝(横２本線)。出題方法は口頭。

1 話の記憶

「ひろ君の幼稚園にある飛行機の乗り物は、みんなに大人気です。飛行機の運転席に座ってハンドルを握れば、パイロットになってどこにだって飛んでいけるような気分になれるのです。実は、ひろ君は一度もその乗り物の運転席に座ったことがありません。遊びたいお友達がたくさん並びますが、５番目までに並ばないと、遊びの時間が終わるまでに順番が回ってこないからです。しかも、なかなか交代してくれない体の大きなかず君が自分より前にいたら、みんなあきらめるしかないのです。遊びの時間になりました。ひろ君は、今日も慌てて靴を履き替えて走り出しました。飛行機には順番を待つ列ができていて、ひろ君は前から６番目に並びました。ひろ君の１つ前には、いつも早く並んでいる元気なしゅん君がいました。ひろ君に気がついたしゅん君が、『どこ行きの飛行機にする？』と話しかけてきました。ひろ君がまだ一度も運転席に座ったことがないことを話すと、しゅん君はびっくりした様子でしたが、『運転席はすごく気持ちがいいよ。今日は絶対乗れるよ』と言って、自分の前の場所をひろ君に譲ってくれました。だからひろ君は前から５番目に並ぶことになりました。『しゅん君、ありがとう』とお礼を言って列の後ろを見ると、しゅん君の後ろにはもう２人並んでいましたが、かず君の姿はありませんでした。『今日こそ運転席に座れるかもしれない』と思うと、ひろ君は並んでいる時間も楽しくなってきました。最初に運転席に座ったのは、眼鏡をかけたとも君でした。とも君の行き先は日本で一番高い山の富士山です。２番目に運転席に座ったのは、頭に白いリボンをつけているはなちゃんでした。はなちゃんの行き先はおもちゃ屋さんです。『あちこちのおもちゃ屋さんを回って、おもちゃをたくさん買っちゃった』と笑顔で運転席を降りました。ひろ君はワクワクしながら待っています。はなちゃんの次の子の行き先は南の島でした。その次の子はコアラに会いに動物園へ出発しました。いよいよ次がひろ君の番というときです。急にひろ君の目の前に体の大きな子が入ってきました。いつも運転席に長く座ってみんなを困らせる、あのかず君です。『ここ、空いているな。次は僕の番だね』と言ってかず君は割り込んできて、ひろ君をぐっとにらみつけました。ひろ君は、『横入りしないで』と言いたかったけれどうまく声が出ず、代わりに目には涙があふれてきました。『今日こそ乗れると思ったのに、やっぱりだめかな』。ひろ君はすっかり元気をなくして、うつむいてしまいました。すると、その様子を後ろで見ていたしゅん君が大きな声で言いました。『かず君、次はひろ君の番だよ。ひろ君は初めて運転席に座るんだ』。しゅん君がとても大きな声で言ったので、並んでいるお友達もほかの遊びをしているお友達も、みんながかず君を見ました。最初はぶつぶつ言っていたかず君も、みんなにじっと見られるとあきらめて列を離れていきました。ひろ君が立ったままでいると、しゅん君が『ひろ君の番だよ』と優しく声をかけて、ひろ君の背中をそっと押しました。ひろ君が運転席に座ると、幼稚園の園庭が広がって見えました。下を見るとしゅん君と目が合いました。ひろ君はしゅん君に元気よく手を振って、大きな声で『出発進行！』と言いました。そしてしっかりとハンドルを握りました」

・飛行機の乗り物の列でひろ君がしゅん君に順番を譲ってもらった後、ひろ君の前には何人いましたか。その数だけ四角に○をかきましょう。
・かず君が来る前に列に並んだ人は、全部で何人でしたか。その数だけ四角の中に○をかきましょう。
・飛行機の乗り物の運転席に初めに乗ったとも君と、２番目に乗ったはなちゃんの行き先は、それぞれどこでしたか。合うものを選んで点と点を線で結びましょう。
・かず君が来てにらまれたとき、ひろ君はどのような顔をしていましたか。合う絵に○をつけましょう。
・運転席に座ったとき、ひろ君はどのような顔をしていましたか。合う絵に○をつけましょう。

2 言　語

・「ブドウ」の真ん中の音は「ド」ですね。真ん中の音が「ド」になる言葉は、ほかに「うどん」や「子ども」などがあります。真ん中の音が左の絵と同じものを、右側から選んで○をつけましょう。

3 常識（数詞）

・上と下の絵で同じ数え方をするもの同士を選んで、点と点を線で結びましょう。

4 系列完成

・左の四角から果物が決まりよく並んでいます。星とハートの四角に入る果物を、下の四角からそれぞれ選んで○をつけましょう。

5 常識（交通道徳）

・この絵の中で、危ないことをしていたり、ルールを守っていなかったりする子どもがいます。その子どもに×をつけましょう。

6 数量（進み方）

・ウサギとカメが、マス目を矢印の方向に進みます。カメは1回に1マス、ウサギは1回に2マス進みます。それぞれ同じ回数だけ進むとき、ウサギはどのマス目でカメに追いつきますか。そのマスに○をかきましょう。

7 常識（仲間探し）

・横に並んでいる絵同士、縦に並んでいる絵同士はそれぞれ同じ仲間です。真ん中の四角に入るものを下の四角から選んで○をつけましょう。

8 構　成

・向きを変えたり裏返しにしたりして合わせたとき、長四角の形になるもの同士を線でつなぎましょう。

9 数　量

・絵を見てください。園庭で5人の子どもたちが縄跳びをして遊んでいます。途中で3人仲間に入れてあげました。その後、4人がお部屋に戻りました。さらに2人が仲間に入ると、縄跳びをしている子どもたちは全部で何人になりますか。その数だけ星の横の四角に○をかきましょう。

10 数　量

・絵をよく見てください。大きな水槽にキンギョとメダカがたくさんいます。この中からキンギョ5匹とメダカ6匹をお友達にあげると、残りは何匹ですか。星の下の四角に、その数だけそれぞれ○をかきましょう。
・残ったキンギョとメダカを4つの水槽に同じ数ずつ入れました。1つの水槽にキンギョとメダカは何匹ずつ入りますか。ハートの下の四角にその数だけそれぞれ○をかきましょう。

個別テスト

構　成

さまざまな形のパターンブロックが適宜用意される。
・お手本をよく見て、同じように作りましょう（2問とも行う）。

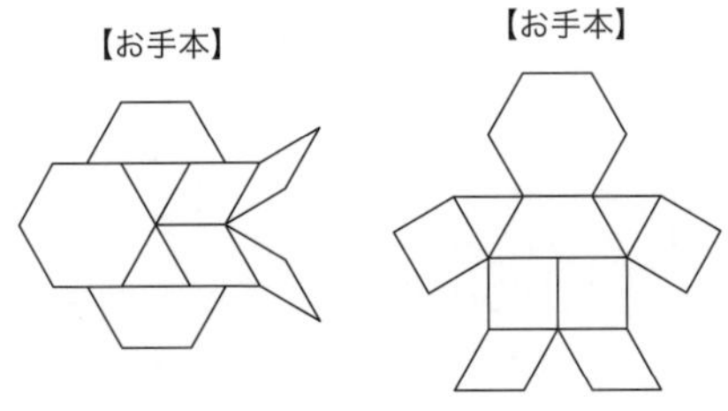

絵画（課題画）

・自分の一番の宝物を描きましょう。
・幼稚園（保育園）で一番楽しいと思うことを描きましょう。

言　語

自由遊びの間に個別に呼ばれ、口頭で答える。
・どんな絵を描きましたか。
・どうしてその絵を描きましたか(描いた絵の内容から発展させて、いくつか質問される)。

集団テスト

共同制作（迷路作り）

3、4人ずつのグループに分かれて行う。段ボール紙、シール（赤、青）、スポンジ片（両面テープが貼られている）、フェルトペン（12色）が用意されている。グループでどのような迷路を作るか相談して決め、①～④の作業を行う。

①スポンジ片を段ボール紙に両面テープで貼りつけ、迷路の壁を作る。
②スタートに赤、ゴールに青のシールを貼る。
③空いているところにフェルトペンで好きな絵を描く。
④終わったら手を挙げるとビー玉がもらえ、それを迷路に転がして遊ぶ。

自由遊び

紙コップ、洗濯ばさみ、紙皿などを使って遊ぶコーナー、積み木コーナー、お絵描きコーナー、ビー玉迷路コーナー（制作で作ったもの）があり、好きなコーナーで自由に遊ぶ。

集団ゲーム

10人程度で輪になり、体操座りで行う。音楽が流れている間は右隣へ順にボールを回していき、鈴が鳴ったら左回りに変える。音楽が止まったら、ボールを持っている人は輪の中央にボールを持ったまま移動し、一番きちんと座りおしゃべりもしていなかったと思う人にボールを渡す。これを何度かくり返して行う。

運動テスト

模倣体操

・テスターのまねをして、手を頭の上に置く→腰を2回たたく→手を肩に置く→腰を2回たたく→手をひざに置く→腰を2回たたく。
・テスターが「頭」「肩」「ひざ」と言ったらそれぞれ手を頭、肩、ひざに置くという指示の後、テスターの指示通り、「頭」→腰を2回たたく→「肩」→腰を2回たたく→「ひざ」→腰を2回たたく。ただし、テスターは「頭」と言うときに肩を、「肩」と言うときにひざを、「ひざ」と言うときに頭を触る。言葉と動きが違うが、動きに惑わされずに言葉に従って体を動かす。

指示行動

□のマスをケン、◪のマスをパーで進んでいく。フープの前まで来たら、フープを頭からかぶってくぐり抜け、反転して同じお約束で戻る。次の人にタッチしたら、列の後ろに並ぶ。

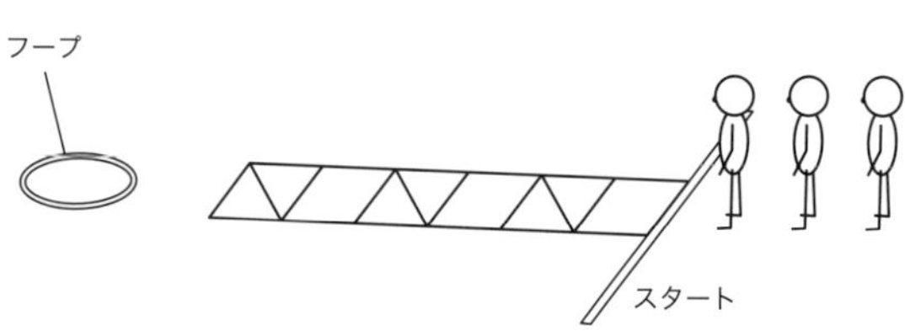

親子面接

親子ともに着席し、同室で面接を受ける。

本人

・お名前と幼稚園（保育園）の名前を教えてください。
・担任の先生の名前を教えてください。
・仲のよいお友達の名前を教えてください。
・お友達のどのようなところがすごいと思いますか。
・一緒に住んでいる家族の名前を教えてください。
・家族みんなでしたことで、楽しかったことは何ですか（質問が発展する）。
・お家ではどんなお手伝いをしていますか。

・魔法が使えるとしたら、何をしますか（質問が発展する）。

父親

・志望動機をお聞かせください。
・お仕事の内容をお聞かせください。
・お仕事をするうえで何を大切にしていますか。
・本校の教育方針とご家庭の教育方針では、どのようなところが共通していますか。
・キリスト教教育についてどのようにお考えですか。
・本校の教育で、お子さんにどのような成長を望まれますか。
・本校に期待することは何ですか。
・お子さんのよいところを教えてください。
・ご家庭の自慢できるところを教えてください。

母親

・お子さんの健康状態はいかがですか。
・お子さんには食べ物の好き嫌いがありますか。
・お子さんにアレルギー面で注意することはありますか。
・子育てで大切にしていることは何ですか。
・しつけで一番心掛けていることは何ですか。
・父親と母親のしつけの役割をどのようにお考えですか。
・最近、お子さんの成長でうれしかったことは何ですか。
・お子さんの教育方針について、ご主人と相談しますか。

1

2

3

4

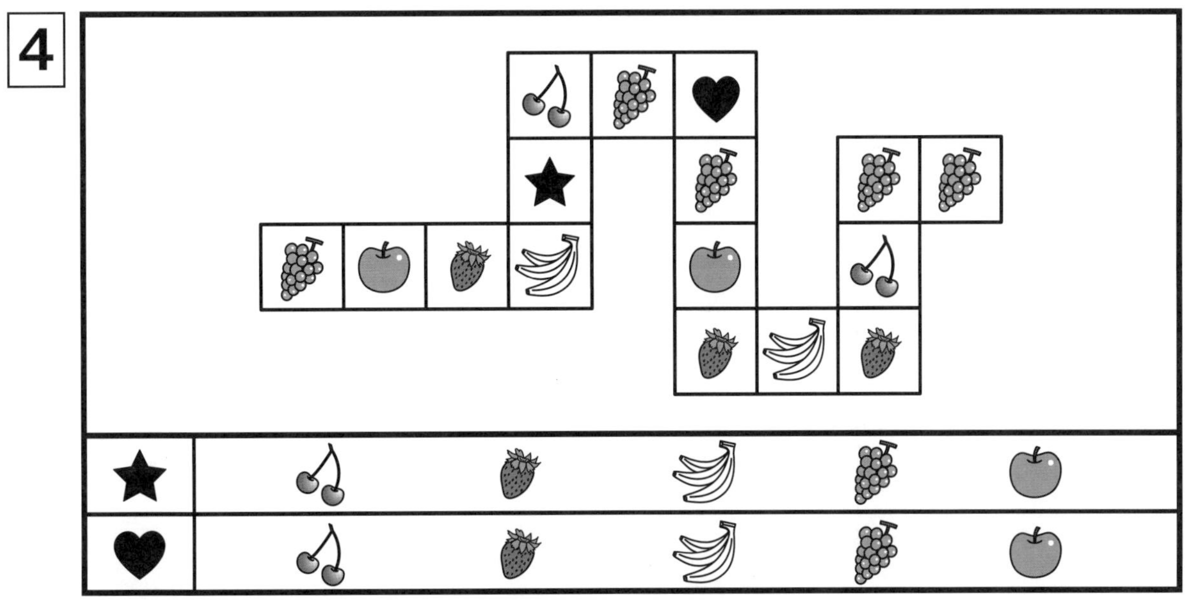

5

6

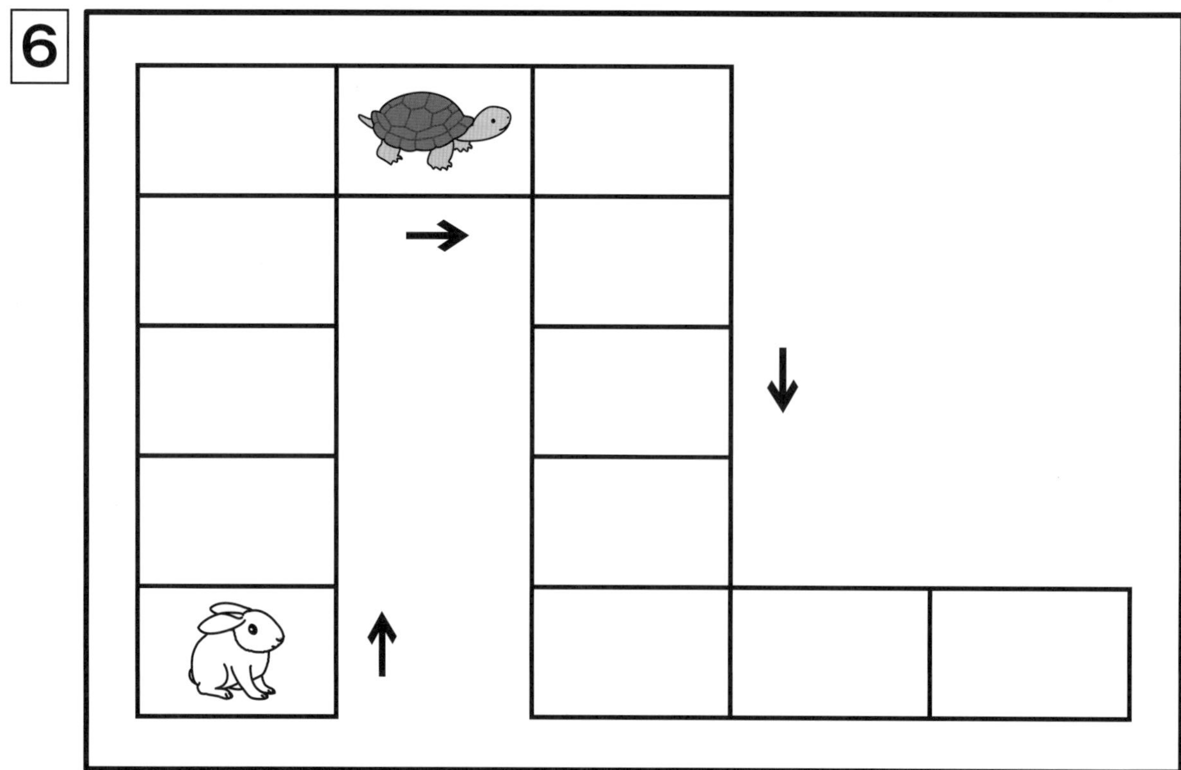

7

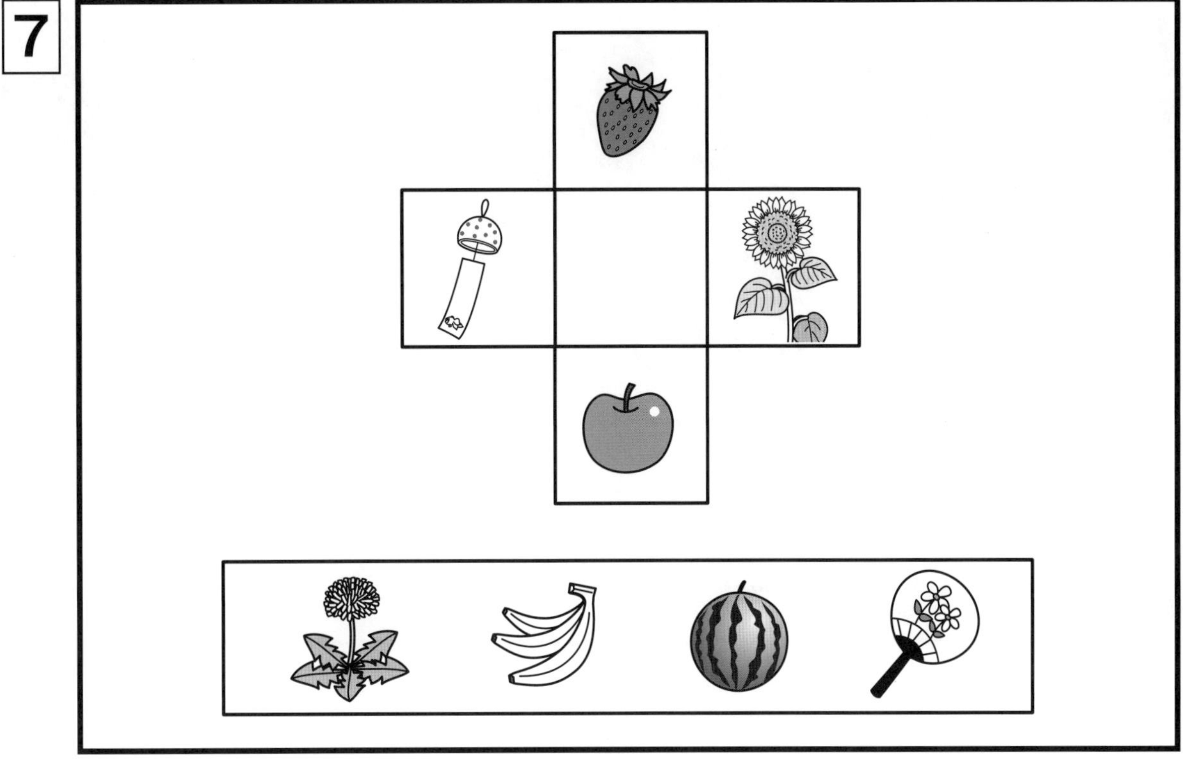

8

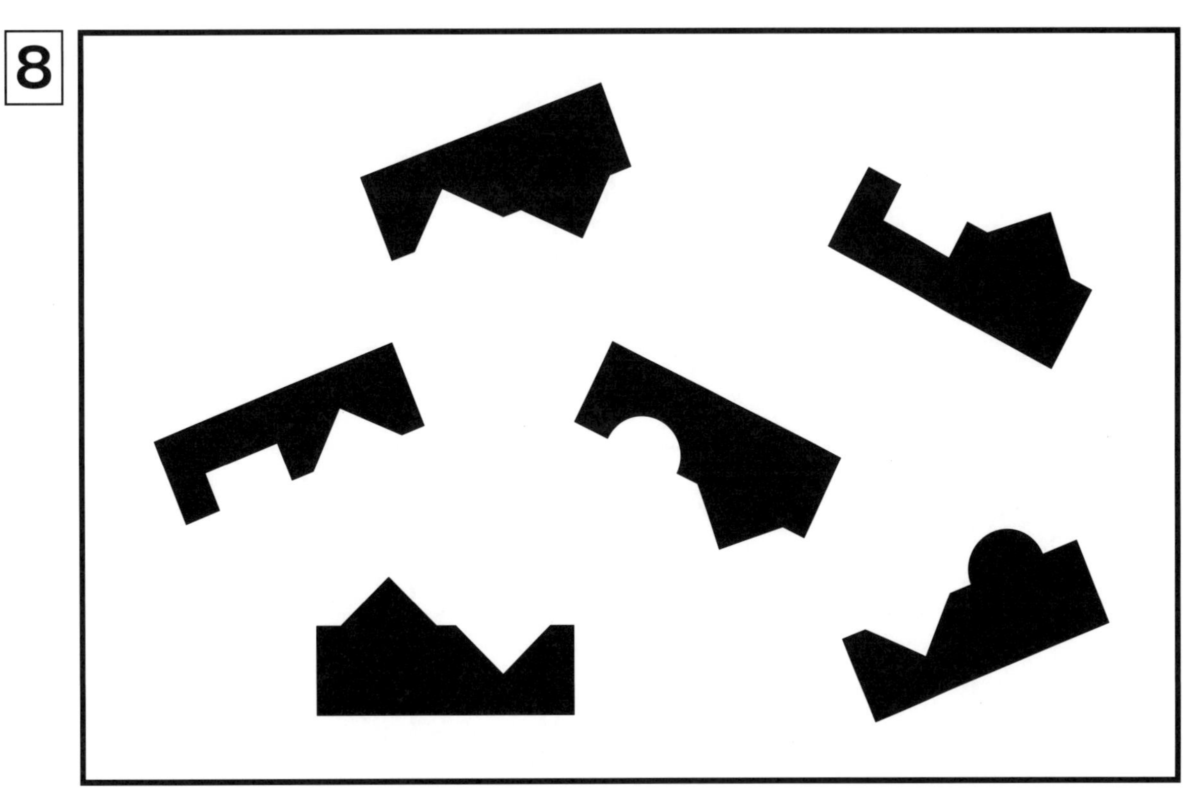

2023
2022
2021
2020
2019
2018
2017
2016
2015
2014

9

10

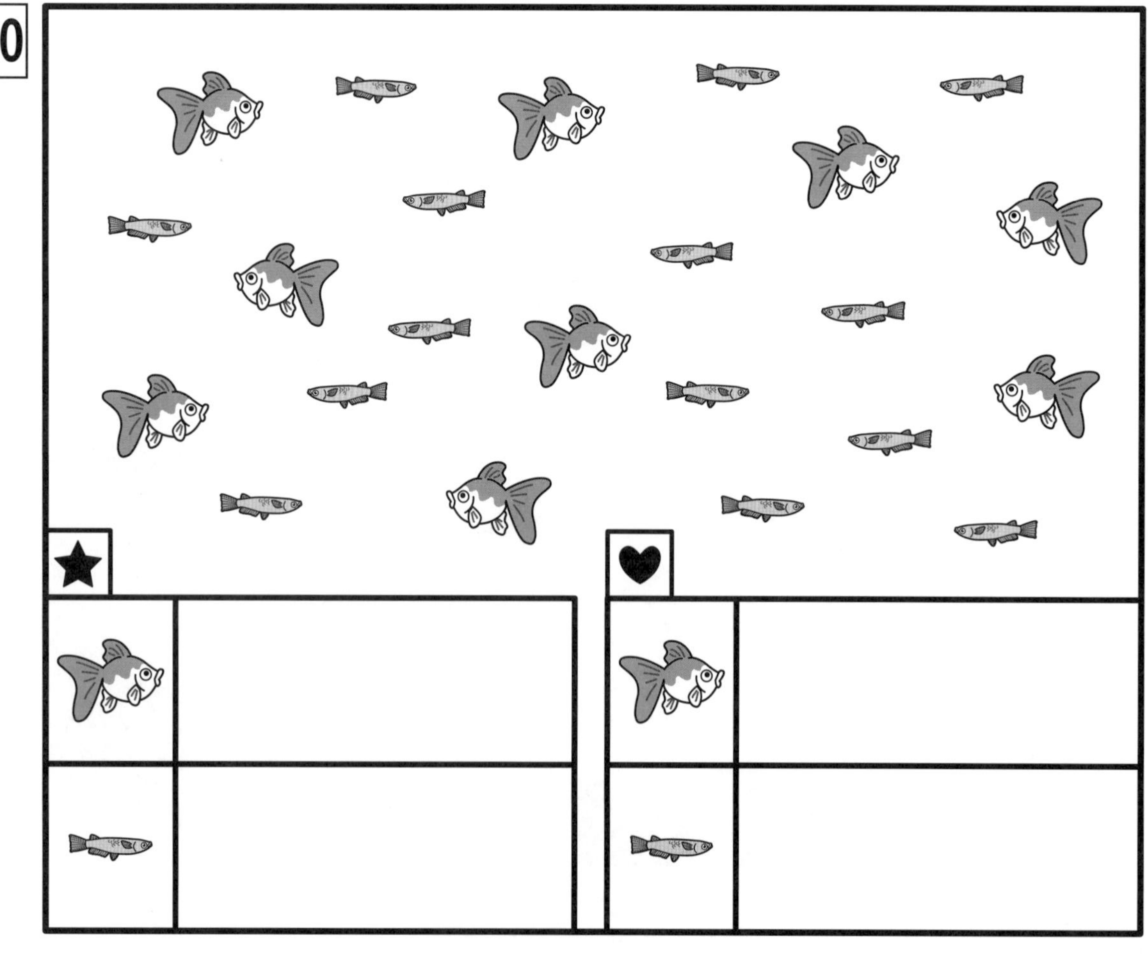

section
2018 目黒星美学園小学校入試問題

選抜方法

考査は１日でＡ日程とＢ日程があり、両日出願も可能。受験番号順にペーパーテスト、個別テスト、集団テストを行う。所要時間は約３時間。考査日前の指定日時に親子面接がある。

ペーパーテスト

筆記用具は青の色鉛筆を使用し、訂正方法は＝(横２本線)。出題方法は口頭。

1 話の記憶

「今日は幼稚園のみんなで、花の種をまきます。先生が用意してくれた種の中から、好きなものを選んで自分の植木鉢に植えていきます。『わたし、これにするわ』。みほちゃんは細長くてしま模様をした種を選びました。『僕は、これだな』。ゆう君は黒くて三角の形をした種を選びました。ほかには丸くて小さい種や、白い種がありました。みんな思い思いの種を選んで、自分の植木鉢にまいていきました。みほちゃんとゆう君は『早く大きくなるといいね』『毎日水やりを忘れないようにしようね』と話しながら、植木鉢に水をやりました。ある日の朝、みほちゃんが幼稚園に着くと、ゆう君が慌ててかけ寄ってきました。『どうしたの？』とみほちゃんが聞くと、ゆう君はみほちゃんの手を引っ張って、植木鉢のところに連れていきました。『見て！　芽が出たんだよ！』見ると、２人の植木鉢に小さな芽が出ていました。『やった！』と、２人は飛び上がって喜びました。そして『大きくなあれ。大きくなあれ』と言いながら、２人は小さな芽に優しく水をやりました。芽が出てしばらくたったある日、いつものように２人で水やりに行くと、ゆう君の植木鉢の大きく育った茎の上の方に、何やら見たことのないものがついていました。『先生、これは何ですか？』ゆう君は先生に聞いてみました。すると先生が『これは、つぼみよ。もうすぐ花が咲くわね』と教えてくれました。『え！　ほんとに？』ゆう君はつぼみをじっと見つめ、『早くお顔を見せてね』と声をかけました。みほちゃんも自分の植木鉢に『つぼみさん。早く出てきてね』と声をかけながら水をやりました。次の日、園庭でボール遊びをしていると、お友達の投げたボールが植木鉢の方に飛んでいってしまいました。『危ない！』ボールはみほちゃんの植木鉢に当たってしまいました。みほちゃんとゆう君が急いで植木鉢のところに行ってみると、植木鉢は倒れ、茎が折れていました。『茎が折れちゃったら、もうお花は咲かないよ』。みほちゃんの目に大粒の涙があふれてきました。ゆう君はこぼれた土を植木鉢に戻しましたが、折れてしまった茎は元には戻りません。『もういいよ』と、みほちゃんは教室に行ってしまいました。ゆう君は急いで先生のところに行き、このことを話しました。すると先生は、『戻るかどうかはわからないけど、やってみましょう』と言って、折れた茎をテープで巻き、さらに木を添えて、テープでしっかり留めました。ゆう君も先生のお手伝いをしました。何日かたったある日、すっかり元気をなくしているみほちゃんに、ゆう君が声をかけました。『みほちゃん。水やりに行こうよ』『わたしのお花はもう咲かないから水やりしても無駄だよ』。みほちゃんが答えると、ゆう君は『いいから行こうよ』と言って、みほちゃんを植木鉢のところに連れていきました。みほちゃんは植木鉢を見てびっくりしました。なんと、折れたはずの茎の上に立派なつぼみがついているのです。『僕と先生で治したんだ。つぼみができてよかったね。また一緒に水やりしよう』。ゆう君は、じょうろをみほちゃんに差し出しました。『ありがとう』。みほちゃんはじょうろを受け取ると、植木鉢に優しく水をやりました」

・みほちゃんとゆう君が選んだ種はどれですか。下からそれぞれ選んで点と点を線で結びましょう。
・芽が出てからしばらくたったある日、ゆう君の植木鉢はどんな様子でしたか。合う絵に○をつけましょう。
・倒れた植木鉢を見たとき、みほちゃんはどのような顔をしていましたか。合う絵に○をつけましょう。
・ゆう君からじょうろを渡されたとき、みほちゃんはどのような顔をしていたと思いますか。その顔の絵に○をつけましょう。

2 常識（季節）

・四角の中に、1つだけ違う季節の絵があります。違う季節の絵を選んで×をつけましょう。

3 常識（生活）

・上の絵のものと一緒に使うことが多いものを、下の絵からそれぞれ選んで点と点を線で結びましょう。

4 言語（しりとり）

・左の絵から右の絵までしりとりでつながるように、それぞれ四角の中から1つ選んで○をつけましょう。

5 言語（しりとり）

・「ナス」から始めて、全部の絵がしりとりでつながるように線で結びましょう。

6 系列完成

・左上の四角から果物が決まりよく並んでいます。黒い星と四角のところに入る果物を下の同じ印からそれぞれ選んで○をつけましょう。

7 話の理解

・矢印の方向に向かって男の子が歩き出しました。男の子は1つ目の角を左に曲がりました。次に、1つ目の角を右に曲がりました。それから、2つ目の角を右に曲がりました。最後に、2つ目の角を左に曲がりました。そこで男の子が出会った動物に○をつけましょう。

8 数量（対応）

・今日は、家族4人でピクニックへ出かけます。お姉さんと妹でおにぎりを9個作りました。しかし、朝ごはんに家族みんなでおにぎりを1人1個ずつ食べてしまいました。ピクニックに持っていけるおにぎりはいくつになりましたか。その数だけ星のところに○をかきましょう。

・朝ごはんの後、お母さんはおにぎりをさらに2個作りました。全部のおにぎりをお弁当箱に入れることにしましたが、お弁当箱には2個ずつしか入りません。お弁当箱は全部でいくつ必要ですか。その数だけハートのところに○をかきましょう。

9 数　量

・お部屋の中で遊んでいる子どもたちと、外で遊んでいる子どもたちがいます。お部屋の中から4人が外へ遊びに行きましたが、3人はお部屋に戻ってきました。今、お部屋の中には子どもたちは何人いますか。その数だけ星のところに○をかきましょう。

・今、外には子どもたちは何人いますか。その数だけハートのところに○をかきましょう。

個別テスト

10 お話作り

・4枚のカードを好きな順番に並べ替えて、絵がつながるようにお話を作りましょう。絵の中の2人がお話ししていることも考えてください。左から順番に絵カードを並べて、絵カードを指でさしながらお話ししましょう。

11 構成・記憶

積み木が8個用意されている。

・（カードにかかれたお手本を見せられる）お手本をよく見て覚えてください。（お手本が隠される）では、さっき見たお手本と同じになるように、積み木を積みましょう。

12 構　成

パターンブロックが9個用意されている。

・台紙の枠の中にピッタリ入るようにブロックを入れてください。ただし、使わないブロックが1つあります。

指示行動

机の中に青い箱が用意されている。中には白い紙、黄色い紙、色鉛筆、クレヨンが入っている。

・これから先生のお話をよく聞き、「始めましょう」と言われたら、言われた通りに初めからやりましょう。まず、机の中の青い箱を出して、中から白い紙とクレヨンの箱を出します。次に、白い紙の真ん中に好きな色のクレヨンで大きな丸をかきます。最後に違う色のクレヨンで、その丸の中に四角をかきます。では、始めましょう。

言　語

先生がいくつか質問をします。思いついたことをすぐに答えてください。

・一番好きな果物は何ですか。

・次に好きな果物は何ですか。

・大きな動物といえば何ですか。

・洋服は着ます。帽子はかぶります。靴はどうしますか。

・この小学校の名前は何ですか。

集団テスト

制　作

5人ずつのグループに分かれて行う。クレヨン、のり、セロハンテープ、はさみが箱の中に用意されている。不思議な木の実のお話を聞き、グループの全員でどのような実かを相談して決め、①～④の作業を行う。作業の前にグループの全員に「お仕事カード」が配付され、カードの色ごとにそれぞれ異なる準備（赤：白画用紙の配付、緑：はさみの配付、黄色：クレヨンの配付、ピンク：大きな木が描かれた模造紙の配付、水色：のりとセロハンテープの配付）を行う。

①B5判の白画用紙にクレヨンで不思議な木の実を描く。

②描いた不思議な木の実をはさみで切り取る。

③お友達と相談しながら、不思議な木の実を模造紙に描かれた大きな木にのりで貼る。

④「おしまい」と言われたら、各自準備したものを片づける。

行動観察（タワー作り）

５人ずつのグループに分かれて行う。用意されている紙皿、紙コップ、洗濯ばさみを使って、お友達と協力してタワーを作る。

自由遊び

約20人で行う。積み木を使って仲よく遊ぶ。
〈約束〉
・片づけるときには積み木を投げない。
・片づけが始まったら遊ばない。

集団ゲーム

４人ずつ縦１列になって並び、先頭の子から順番にテスターとジャンケンをする。勝ちとあいこのときは列の一番後ろにつき、負けたときは「ごめんちゃい」と言って決められたポーズをとる。１人１回ずつ行い、全員終わったら体操座りで待つ。

集団ゲーム

「八百屋のお店」の歌に合わせて、テスターが品物の名前を言う。品物が八百屋にあるもののときだけ、品物の音の数だけ手をたたく。八百屋のほかに、パン屋、動物園など場所を変えて３回程度行う。

親子面接

親子ともに着席し、同室で面接を受ける。

本人

・お名前と幼稚園（保育園）の名前を教えてください。
・担任の先生の名前を教えてください。
・仲のよいお友達の名前を教えてください。
・お友達のどのようなところがすごいと思いますか。
・幼稚園では、外遊びと室内遊びとでどちらが好きですか。
・好きな絵本は何ですか。その絵本のどのようなところが好きですか。
・お父さん、お母さんのどちらに本を読んでもらいますか。
・お家では何をして遊びますか。
・お父さん、お母さんとは何をして遊びますか。
・お誕生日はいつですか。今年のお誕生日にもらったものは何ですか。

・一緒に住んでいる家族の名前を教えてください。
・朝ごはんは何を食べてきましたか。

父親

・志望動機をお聞かせください。
・お仕事の内容をお聞かせください。
・お仕事をするうえで何を大切にしていますか。
・本校の教育方針とご家庭の教育方針では、どのようなところが共通していますか。
・キリスト教教育についてどうお考えですか。
・本校の教育でお子さんにどのような成長を望まれますか。
・本校に期待することは何ですか。
・お子さんのよいところを教えてください。
・ご家庭の自慢できるところを教えてください。

母親

・お子さんの健康状態はいかがですか。
・お子さんには食べ物の好き嫌いがありますか。
・アレルギー面で注意することはありますか。
・子育てで大切にしていることは何ですか。
・しつけで一番心掛けていることは何ですか。
・父親と母親のしつけの役割をどのようにお考えですか。
・最近、お子さんの成長でうれしかったことは何ですか。
・どのようにしてお子さんのやる気を引き出しますか。
・本校の体験スクールには参加されましたか。どのような印象でしたか。

1

2

3

4

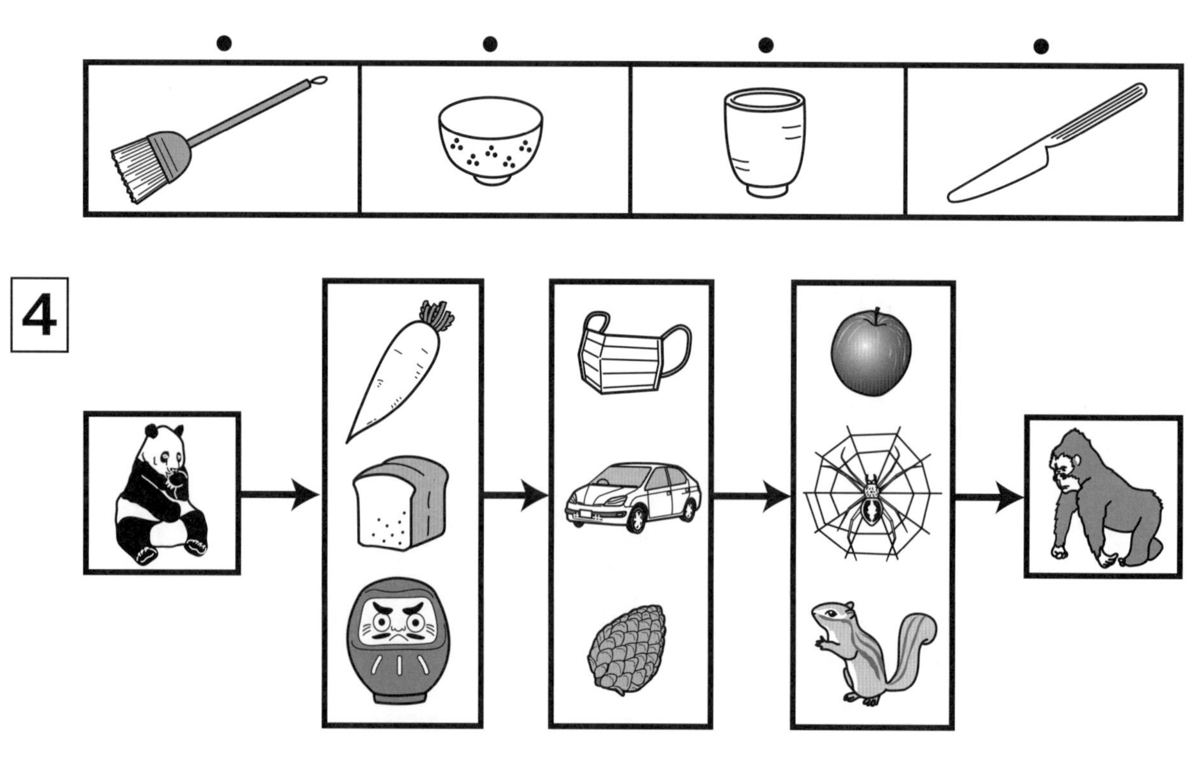

5

6

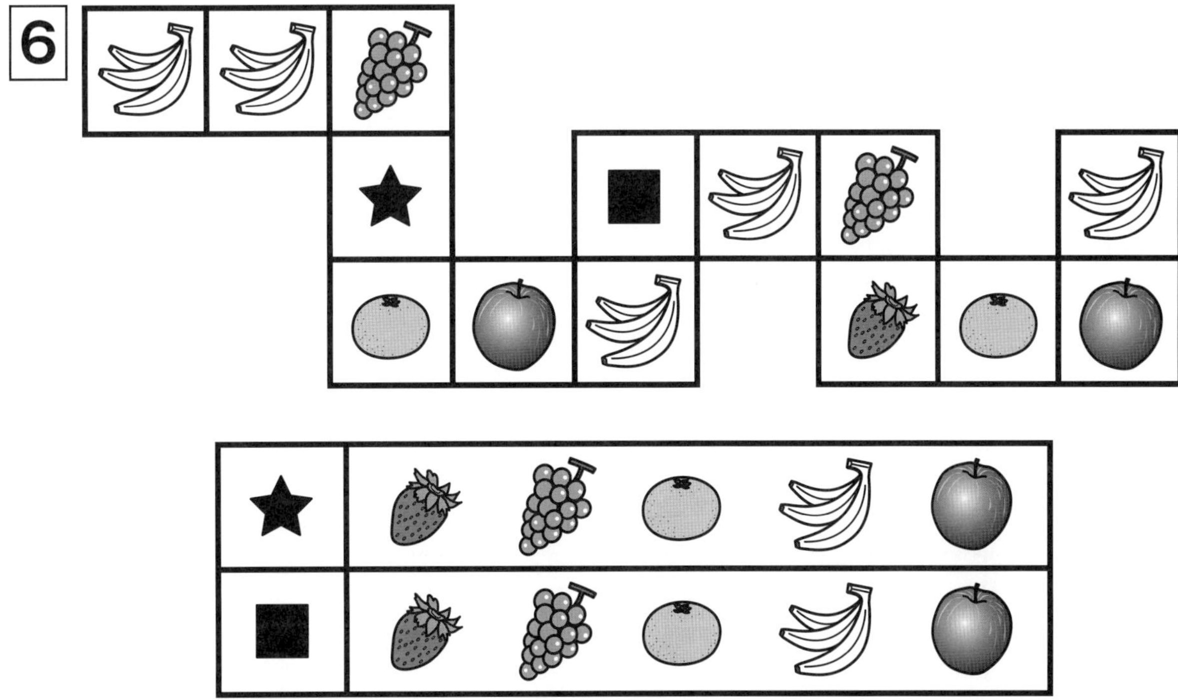

7

8

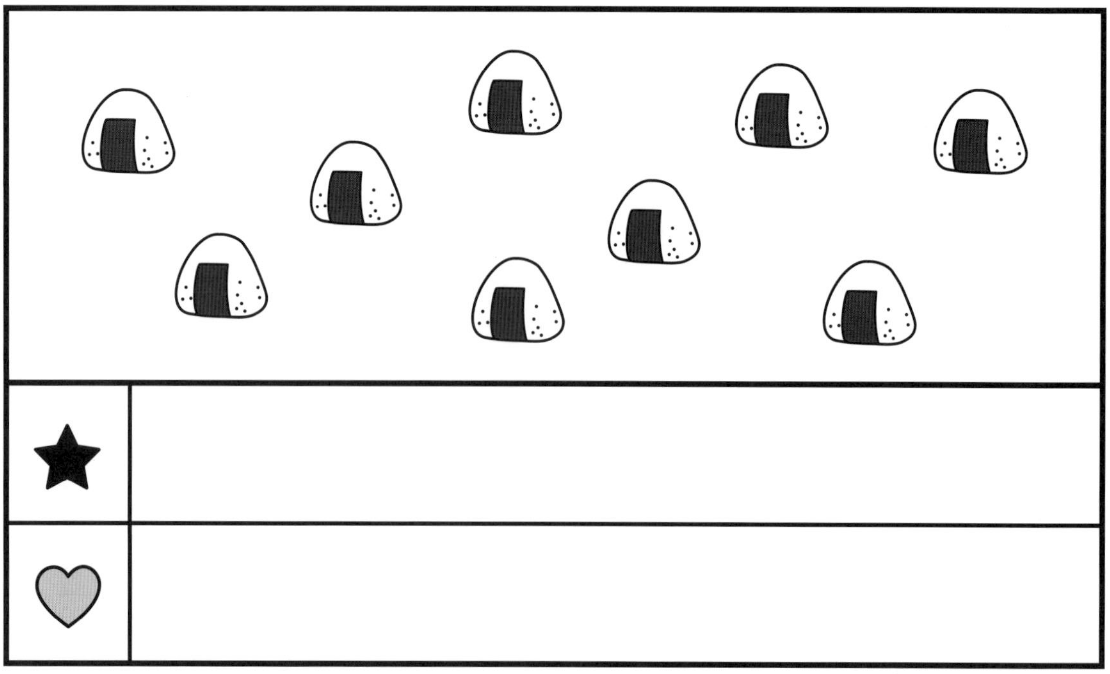

9

10

11

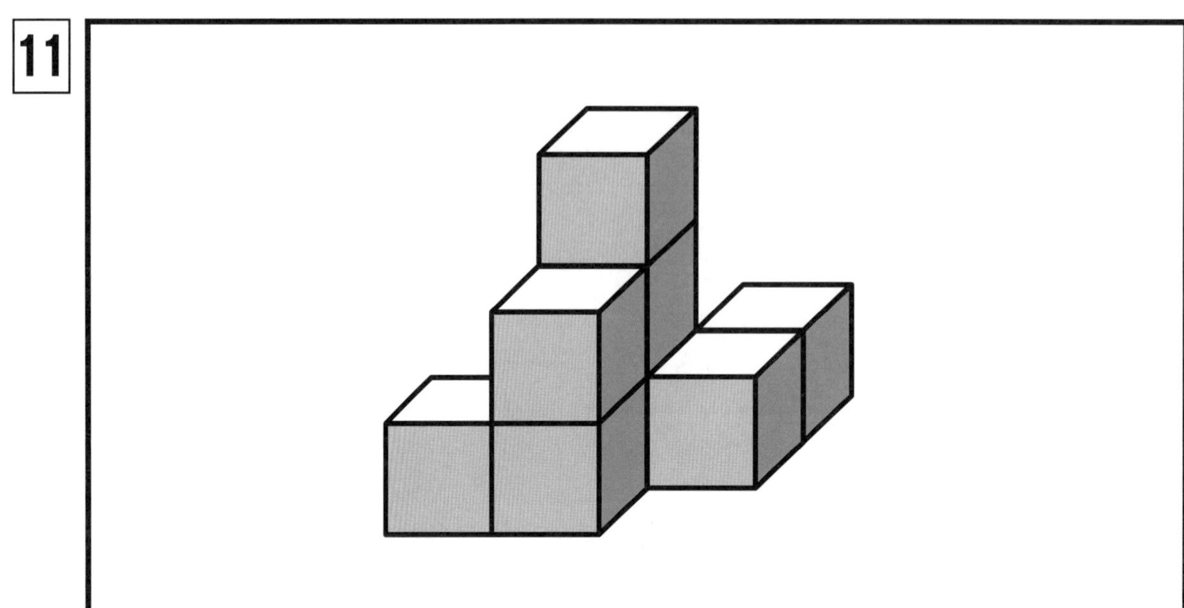

12

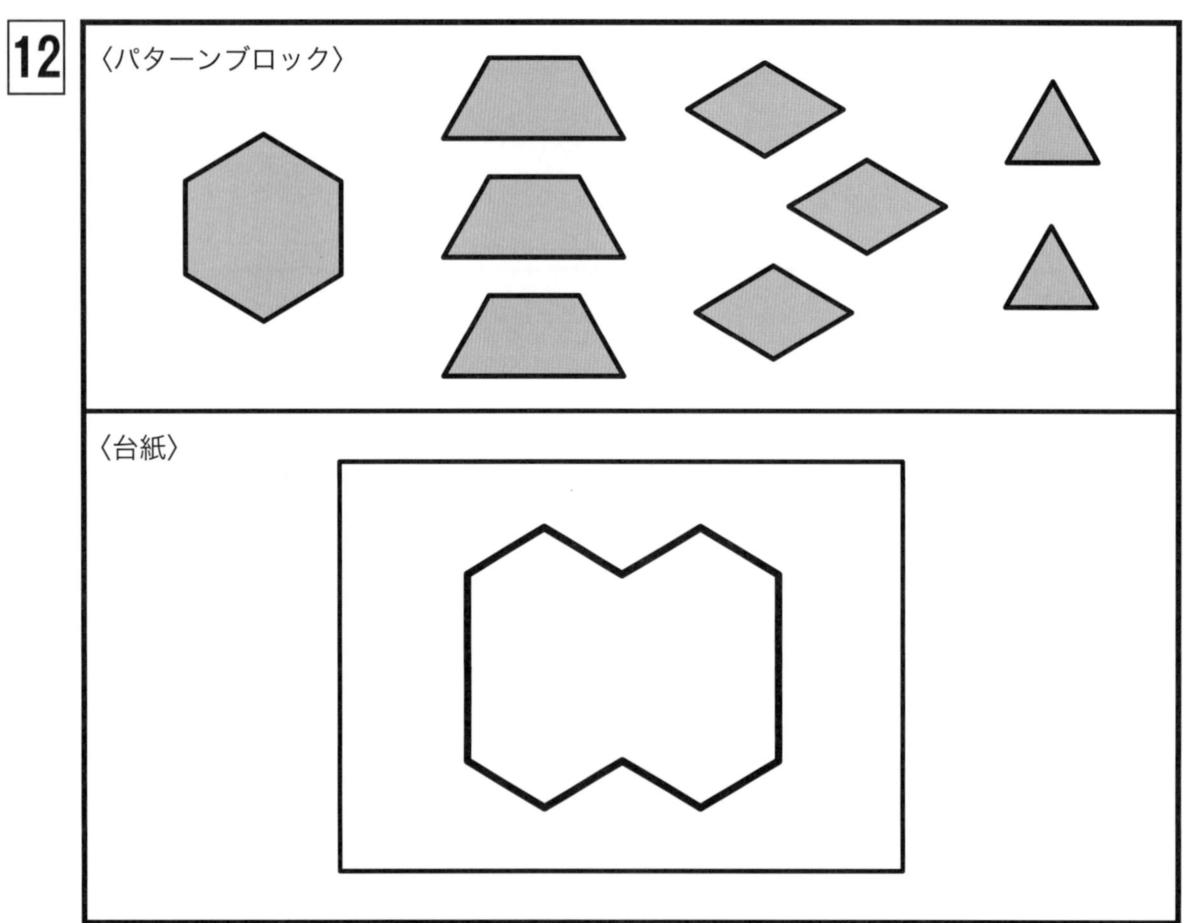

section
2017 目黒星美学園小学校入試問題

選抜方法

考査は１日でＡ日程とＢ日程があり、両日出願も可能。受験番号順にペーパーテスト、個別テスト、集団テストを行う。所要時間は約３時間。考査日前の指定日時に親子面接がある。

ペーパーテスト

筆記用具は青の色鉛筆を使用し、訂正方法は ＝（横２本線）。出題方法は口頭。

1 話の記憶

「けん君の大好きな運動会が、今年ももうすぐやって来ます。でも、けん君はなんだか楽しそうではありません。なぜかというと、今年の運動会では竹馬リレーをすると先生が言ったからです。幼稚園には３つの高さの竹馬があり、それぞれ握るところの模様が違います。一番高いものは白く、２番目に高いものは水玉で、一番低いものはしましまです。けん君は一番低いしましまの竹馬でも歩くことができません。そしてクラスでしましまの竹馬に乗っているのはけん君だけなのです。『嫌だな、どうしよう』。運動会にはお父さんとお母さんだけではなく、おじいちゃんとおばあちゃんも見に来てくれます。『僕だけ一番低い竹馬だなんて、みんながっかりしちゃうだろうな』。けん君は大きくため息をつきました。『それでは、竹馬リレーで使う竹馬を決めたいと思います』と先生が言いました。竹馬の得意なえりちゃんとたかし君は、白い竹馬に乗ることが決まりました。ほかのみんなは水玉の竹馬に乗ります。『けん君はしましまの竹馬ですね』と先生に言われて、けん君は思わず『水玉の竹馬に乗ります』と言ってしまいました。先生は『だいじょうぶ？
しましまの竹馬でもいいのよ』と言うのですが、けん君は『だいじょうぶです、水玉に乗ります』と言いました。大好きなおじいちゃんとおばあちゃんのためにも、どうしても水玉の竹馬に乗りたかったのです。その日からけん君の竹馬の練習が始まりました。毎日園庭で竹馬に乗るのですが、なかなかうまくできません。『足元ばかり見ていちゃだめだよ』と後ろから声が聞こえました。振り返ると、えりちゃんが立っていました。『もう少し前に倒すといいよ』。たかし君も一緒です。『ありがとう。どうしたら乗れるか教えてくれる？』『もちろん。一緒に練習しよう』。それからは３人で練習をしました。２人は一生懸命けん君に乗り方を教えてくれます。けん君も、転んでも、倒れても、何度もやり直しました。そして何とか水玉の竹馬で２、３歩は歩けるようになりました。でも、運動会の本番はもうすぐです。『けん君、練習をよく頑張ったね。でもやっぱりしましまの竹馬にした方がいいと思うんだけど』と、先生が心配して言いました。でもけん君は、『嫌です。どうしても水玉に乗ります』と答えました。いよいよ運動会の日がやって来ました。『けん君、運動会を楽しみにしていたよ。たくさん応援するからね』とおじいちゃんが言いました。けん君は『うん。頑張るよ』と答えましたが、まだ少ししか乗れない竹馬のことが気になっています。『転んだらどうしよう』と思っていると、たかし君が後ろから肩をポンとたたき、『だいじょうぶだよ。あれだけ練習したんだから』と言いました。『そうだよ』と、えりちゃんも励ましてくれました。『ヨーイ、ドン』。竹馬リレーが始まりました。けん君はドキドキしながら先生から水玉の竹馬を受け取ると、スタートラインに立ちました。『絶対乗れる、絶対乗れる』。けん君は竹馬をぎゅっと握りしめ、一歩踏み出しました。『けん君頑張れ！』『けん君すごいぞー』とお友達の声が聞こえてきました。みんなの応援に背中を押されるように、どんどん進んでいきます。そして気がつくと一度も倒れずにゴールまで歩くことができました。先生も『けん君、よく頑張ったね。えらかったね』とほめてくれました。けん君は照れくさそうに『みんな、ありがとう』と言いました。そして遠くで見ているおじいちゃんとおばあちゃんに、笑顔で大きく手を振りました」

・幼稚園にあった竹馬はどれですか。合う絵に○をつけましょう。
・運動会を見に来てくれた人は誰ですか。あてはまる段のハートに○をつけましょう。
・運動会で竹馬リレーがあると聞いて、けん君はどのような顔になりましたか。合う絵に○をつけましょう。
・ゴールをした後でおじいちゃんとおばあちゃんに手を振ったとき、けん君はどのような顔をしていましたか。合う絵に○をつけましょう。

2 常　識

・四角の中に描かれたもののうち、木になるものはどれですか。選んで○をつけましょう。

3 推理・思考（鏡映図）

・左の絵の女の子が正面の鏡に向かって立っています。鏡にはどのように映りますか。右から選んで○をつけましょう。

4 言語（しりとり）

・左上の矢印から始めて右下の四角まで、しりとりでつながるように線を引きましょう。

5 常識（仲間探し）

・左の絵を見ましょう。縦に並んでいる3つは仲間です。横に並んでいる3つも仲間です。真ん中の四角には何が入りますか。右の四角の中から選んで○をつけましょう。

6 数　量

・バスにお客さんが5人乗っています。バス停で2人降りました。次のバス停で3人乗ってきました。今、バスには何人のお客さんが乗っていますか。その数だけ横の長四角に○をかきましょう。

7 系列完成

・矢印からスタートして、カードを決まりよく並べていきます。星とハートのところには、どのカードが入りますか。下の同じ印の四角の中から選んで○をつけましょう。

8 数量（対応）

・カレーライスとスプーンとお水を１つずつセットにしてお客さまに出します。何人分を用意できますか。できる数だけ下の四角に○をかきましょう。

9 位置の移動

・左上のマス目の中にある星が、右に２つ、下に３つ、左に１つマス目を進みました。今、星があるマス目に○をかきましょう。

個別テスト

10 お話作り

・４枚の絵カードを好きな順番に並べ替えて、絵がつながるようにお話を作りましょう。左から順番に絵カードを並べて、絵カードを指でさしながらお話ししてください。

11 構　成

８個の積み木が用意されている。
・お手本の絵と同じになるように、積み木を積みましょう。

集団テスト

制　作

４人ずつのグループになって行う。Ｂ６判の紙、15cmくらいの長さの短冊、紙コップ、クレヨン、セロハンテープが用意されている。グループで相談して、ライオン、ゾウ、パンダ、キリン、ウサギの中から作る動物を決め、各自の机で作業を行う。

①Ｂ６判の紙に、グループで相談して決めた動物の絵をクレヨンで描く。
②テスターから短冊を輪にして渡されるので、描いた絵の裏にセロハンテープで留める。

③短冊の輪の中に紙コップを入れて立つようにし、動物ごとに決められた柵の中に置く。

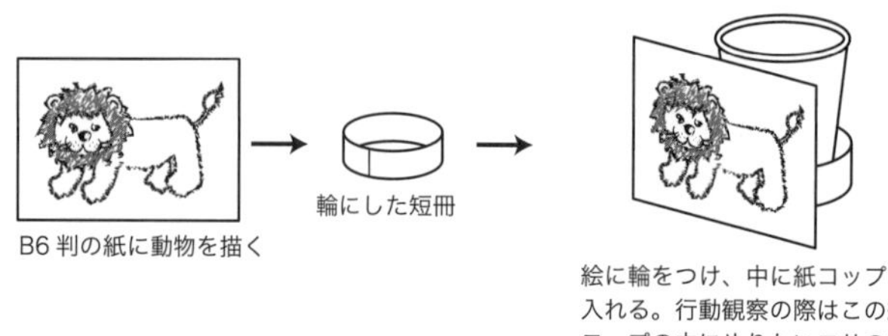

行動観察（動物園ごっこ）

制作で作った動物を使い、飼育員役とお客さん役に分かれて動物園ごっこをする。飼育員役の人は、お肉やニンジンなど５種類のエサがそれぞれ描かれた絵カードを入れた紙コップを持つ。お客さん役の人は、飼育員役の人に声をかけて、やりたいエサの絵カードをもらう。動物にエサをやるときは、エサの絵カードを動物の輪の中の紙コップに入れる。その際、お客さん役の人は飼育員役の人に、「好きな動物は何ですか」などと質問をし、飼育員役の人は質問に答える。最後に「さようなら」とあいさつをして別れる。

集団ゲーム（動物ジャンケン）

テスターのかけ声に合わせて、お約束の動物のポーズのうちどれかをする。テスターと同じポーズだった人の勝ち。

〈約束〉

ウサギ：しゃがんで両手を頭の上で耳の形にする。

ライオン：手を前に出し爪を立てるまねをする。

サル：大きく円を描くように両手を頭の上に上げて指先を頭の上に置く。

集団ゲーム（ピンポン球運び）

６人ずつの３チームに分かれて行う。スプーンにピンポン球を載せて、数m先の机の上にある入れ物に入れる。入れたらすぐに戻り、次の人にスプーンを渡す。ピンポン球を落としたときはテスターが拾ってくれるので、その場所からまた始める。一番多く運んだチームの勝ち。

行動観察（仲間探し）

約20人で行う。１人に１枚ずつ果物の絵カードが配られる。絵カードはリンゴ、メロン、ブドウ、バナナの４種類がある。音楽が鳴ったら自由に歩き、音楽が止まったところで近くのお友達と絵カードを見せ合う。同じ絵カードだったときは、手をつなぎグループになる。違う絵カードだったときは、握手をして別れる。何回か同じように行い、同じ絵カードのお友達同士が全員集まったら終了。

親子面接

親子ともに着席し、同室で面接を受ける。

本人

- お名前と幼稚園（保育園）の名前を教えてください。
- 一緒に住んでいる家族の名前を教えてください。
- 幼稚園（保育園）の担任の先生の名前、仲のよいお友達の名前を教えてください。
- お友達のどのようなところがすごいと思いますか。
- 幼稚園（保育園）では、外遊びと室内遊びのどちらが好きですか。
- お家では何をして遊びますか。
- 朝ごはんは何を食べてきましたか。
- お父さん（お母さん）とは何をして遊びますか。どこに遊びに行きますか。
- お誕生日はいつですか。今年のお誕生日には何をもらいましたか。
- どんな絵本が好きですか。どんなところが好きですか。

父親

- 志望動機をお聞かせください。
- お仕事の内容をお聞かせください。お仕事で大切にしていることは何ですか。
- キリスト教教育についてどのようにお考えですか。
- 本校の教育に期待することは何ですか。
- 本校での6年間の教育で、お子さんにどのような成長を望まれるでしょうか。
- お子さんのよいところを教えてください。
- ご家庭での教育方針についてお聞かせください。
- ご家庭の自慢できるところを教えてください。

母親

- お子さんの健康状態はいかがですか。
- お子さんに食べ物の好き嫌いはありますか。
- お子さんはアレルギー面で注意することはありますか。
- 子育てで大切にしていることは何ですか。
- しつけで一番気をつけていることは何ですか。
- 父親と母親のしつけの役割をどのようにお考えですか。
- 最近お子さんとのかかわりの中で感動したことはありますか。
- お子さんの気持ちを盛り上げるために、どのようなことをしていますか。

1

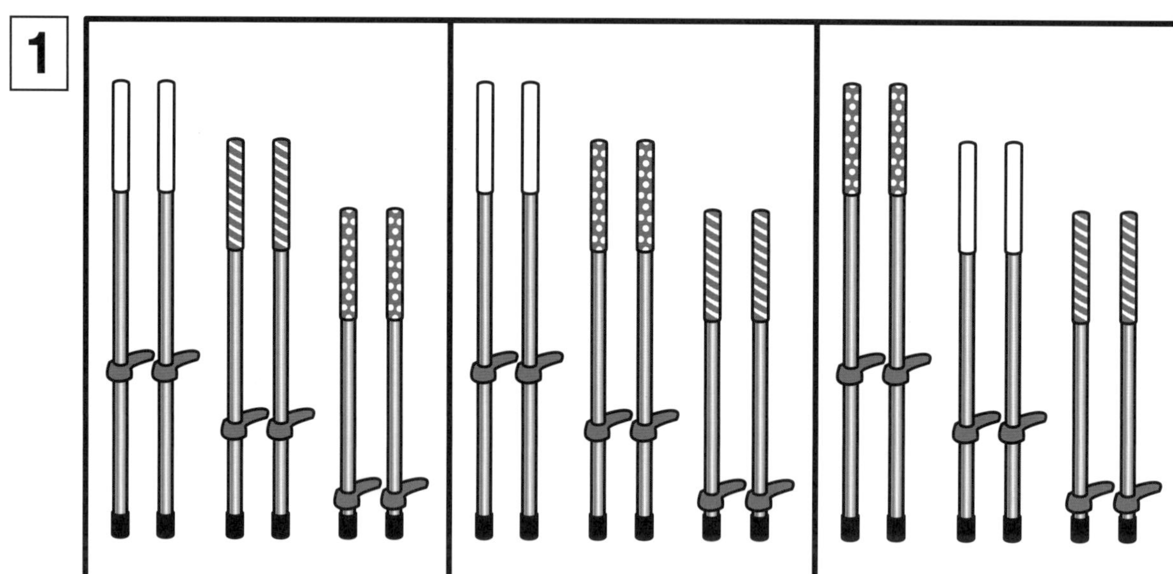

1

2

3

4

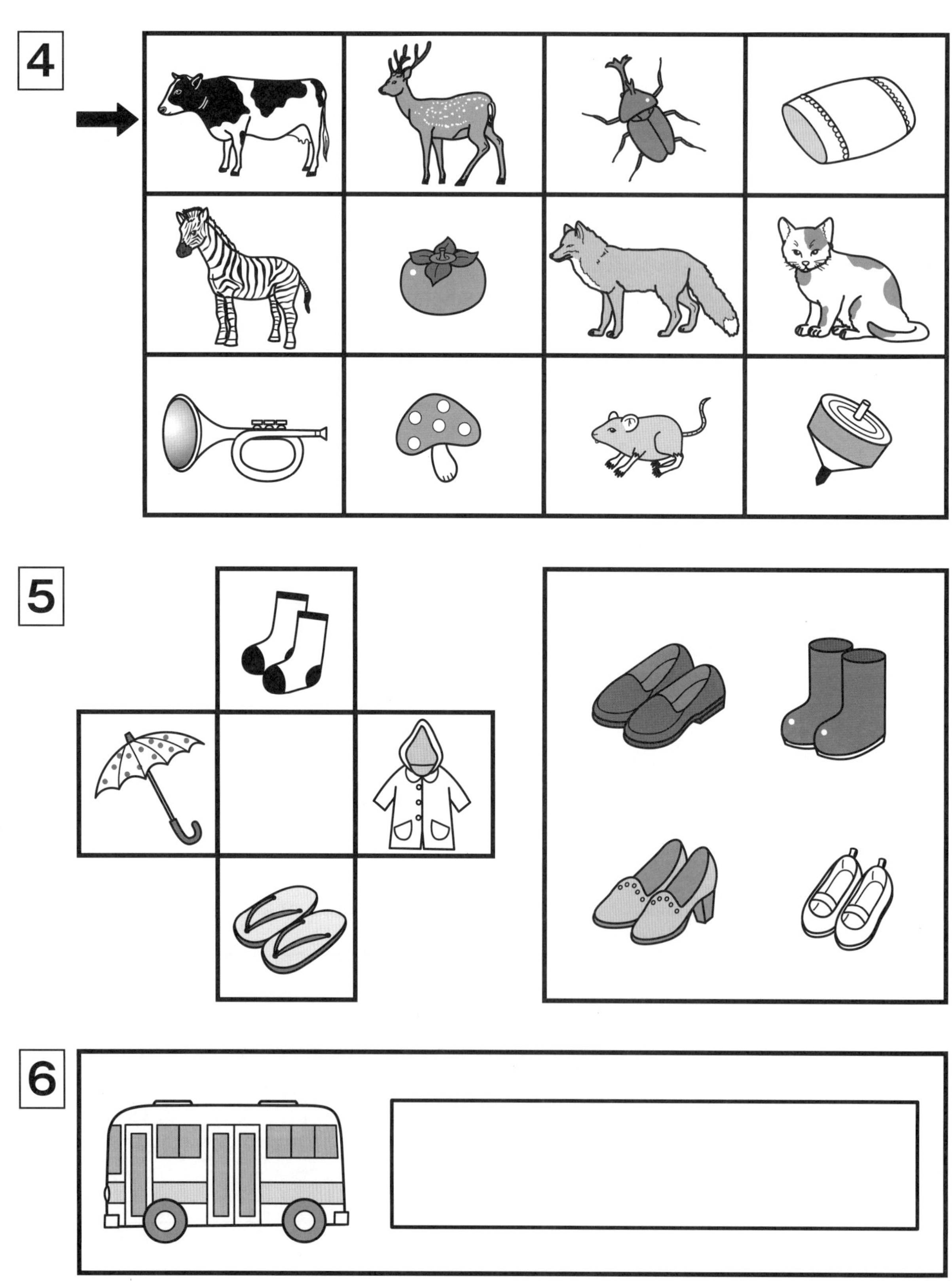

5

6

7

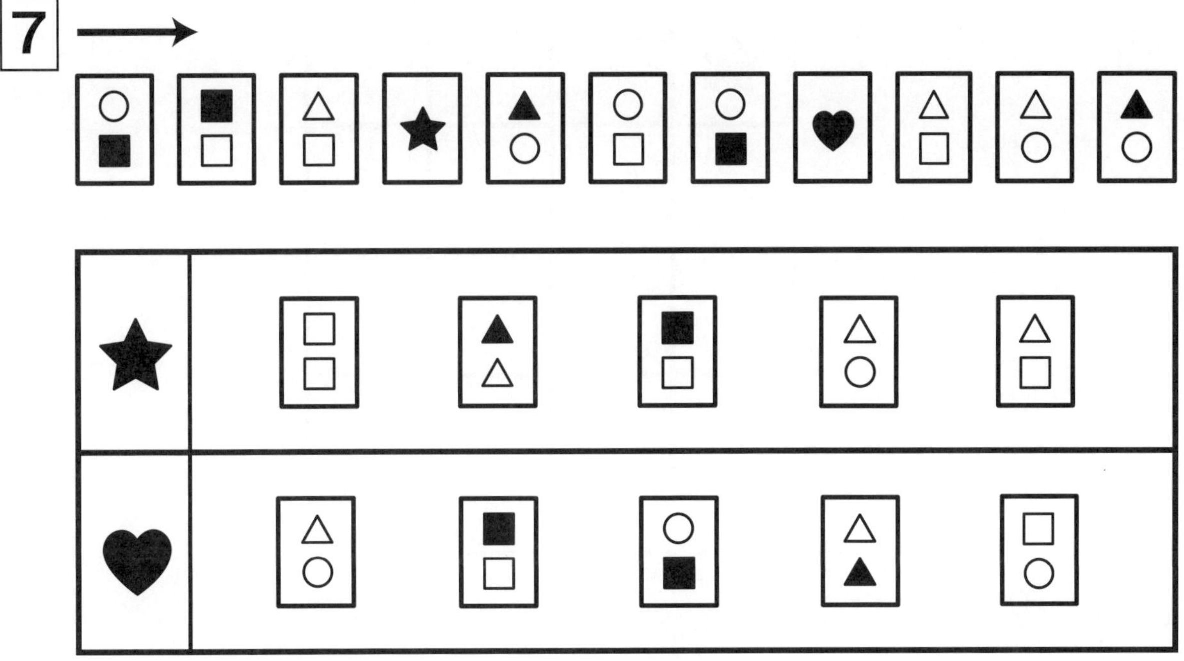

8

9

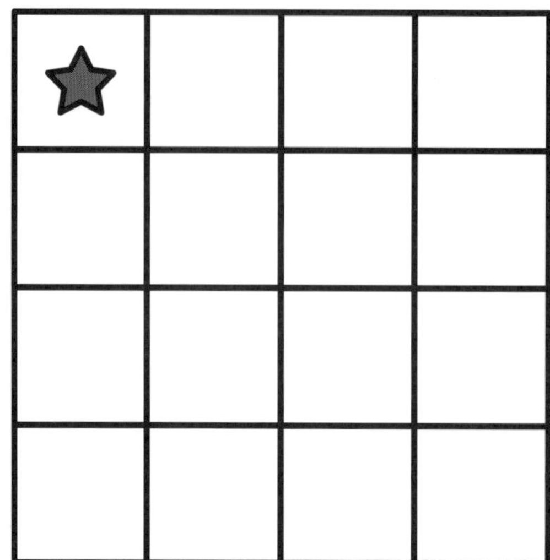

10

11

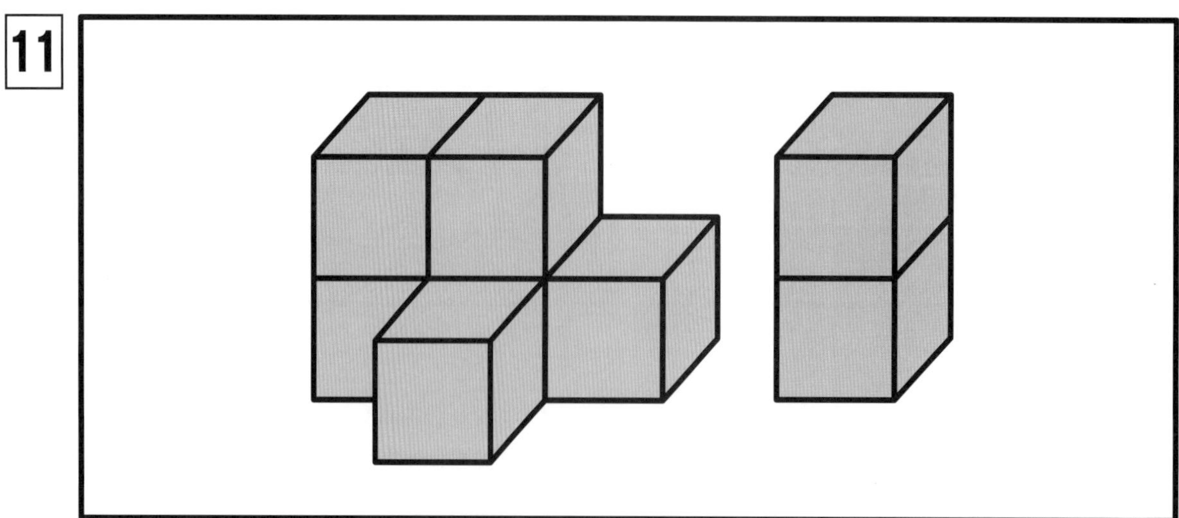

section
2016 目黒星美学園小学校入試問題

選抜方法

考査は１日でＡ日程とＢ日程があり、両日出願も可能。受験番号順にペーパーテスト、個別テスト、集団テストを行う。所要時間は約３時間。考査日前の指定日時に親子面接がある。

ペーパーテスト

筆記用具は青のクレヨンを使用し、訂正方法は＝（横２本線）。出題方法は口頭。

1 話の記憶

「今日はお父さんの誕生日。まきちゃんはお母さんと一緒にお父さんの大好きなシチューを作ります。『あら大変。牛乳がないわ』。冷蔵庫を開けたお母さんが言いました。『わたしが買いに行ってあげる』とまきちゃんが言うと、『わたしも行く』と妹のあいちゃんも言いました。『２人でだいじょうぶ？』まきちゃんがあいちゃんの方を見て『だいじょうぶだよね』と言うと、あいちゃんは笑顔でうなずきました。『じゃあ、ほかにも少しお願いしていいかしら』『まかせて』。お母さんからお財布とメモをもらって、２人は出発しました。まずはスーパーマーケットで牛乳を買います。スーパーマーケットに入ると、あいちゃんが『お菓子売り場に行きたい』と言い出しました。まきちゃんが駄目だと言っても聞いてくれません。『じゃあ少しだけだよ』。そう言って、あいちゃんをお菓子売り場に連れていきました。『早く牛乳を買って次のお店に行こうよ』。まきちゃんは何度もあいちゃんに声をかけ、やっと牛乳を買うことができました。次はケーキ屋さんに行きます。『どのケーキにしようかな』。たくさん並んだおいしそうなケーキを見ていると、あいちゃんが『チョコレートのケーキにしよう』と言いました。『でもこっちのイチゴのケーキもおいしそうだよ』。２人は話し合ってお父さんが好きなイチゴのケーキにしました。『おじさん。このイチゴのケーキをください』。まきちゃんはケーキを受け取るとお店を出ました。最後はお父さんにプレゼントするお花を買いに、お花屋さんに行きます。『お姉ちゃん。本屋さんがあるよ』。あいちゃんは本屋さんを見つけると、走っていってしまいました。『駄目だよ。行かないよ』。まきちゃんはケーキを崩さないように気をつけながら、あいちゃんを追いかけました。その後もあいちゃんは、気になるものを見つけるとすぐに行ってしまいます。まきちゃんは、お家で待っているお母さんのことを思うと、早くお買い物を終わらせて、お家に帰りたくてたまりません。やっとのことで、お花屋さんに着きました。『どれにしようかな』。まきちゃんはお父さんが喜んでくれそうなお花を一生懸命選びました。『これにしよう』。まきちゃんはお花を買いました。『さあ、お買い物も終わったし、早くお家に帰らなくちゃ』。ふと気がつくと、さっきまで隣にいたはずのあいちゃんがいません。

『あいちゃん』。名前を呼んでも返事がありません。慌ててお店を出て周りを見てもあいちゃんは見あたりません。まきちゃんは、お花屋さんの隣や向かいのお店を必死に探しましたが、どこにもいませんでした。『どうしよう』。まきちゃんはどうしたらよいかわからず、座り込んでしまいました。するとそのとき、『お姉ちゃん』と、まきちゃんを呼ぶ声が聞こえます。見るとあいちゃんが手を振っています。隣にはお母さんがいます。『なかなか帰ってこないから心配で迎えに来たわよ』。2人の顔を見たまきちゃんの目から大粒の涙があふれてきました。『どうしたの？』そう聞かれて、買い物のときのことや、あいちゃんが見えなくなって必死で探したことを全部お母さんに話しました。『まあ。お姉ちゃんはよく頑張ったわね。えらかったね。お使いありがとう』。お母さんはそう言うと、まきちゃんの涙を優しくふいてくれました。あいちゃんが言いました。『お母さん。お姉ちゃんとのお使い、とっても楽しかったよ。ねえ、お姉ちゃん、また連れてってくれる？』まきちゃんはうれしそうに『うん。また2人でお買い物に行こうね』と言いました。そして3人は仲よくお家に帰りました」

・2人はどのような順番でお買い物をしましたか。正しい順番に並んでいる段の星に○をつけましょう。
・2人が買ったものはどれですか。あてはまる段のハートに○をつけましょう。
・妹のあいちゃんを探しても見つからなかったとき、まきちゃんはどのような顔をしていましたか。合う絵に○をつけましょう。
・3人でお家に帰るとき、まきちゃんはどのような顔をしていましたか。合う絵に○をつけましょう。

2 常識（仲間探し）

・絵の野菜のうち、土の中にできるものはどれですか。選んで○をつけましょう。

3 推理・思考（鏡映図）

・女の子が鏡の前で歯磨きをしていますが、映り方が間違っているところがあります。間違っているところに×をつけましょう。

4 系列完成

・矢印からスタートして、カードを決まりよく並べていきます。星とハートのところには、どのカードが入りますか。下の同じ印の四角の中から選んで○をつけましょう。

5 言語（しりとり）

・左からしりとりでつながるように、四角の中から選んで○をつけましょう。

6 言　語

黒板にスイカの絵が貼ってある。

・黒板を見てください。「スイカ」の最後の音は、「カ」ですね。では、左の四角の絵の最後の音から始まるものを右の絵の中から２つ選んで、○をつけましょう。

7 数量（対応）

・上の絵のように、１つのお弁当箱にブロッコリー１つ、ウインナー２つ、玉子焼き１つを入れます。お皿の上にあるもので、同じお弁当をいくつ作ることができますか。できる数だけ下のマス目の中に○をかきましょう。

8 数量（分割）

・みんなでクリ拾いに行きました。３人でピッタリ分けられるのはどのカゴのクリですか。２つ選んで、そのカゴの下の星に○をつけましょう。

個別テスト

9 常識（仲間探し）

七夕、雪合戦、ウメ、海水浴、アサガオ、スイカ割り、クリスマス、正月、ヒマワリの９枚の絵カードを渡される。

・これらの絵カードを、夏と冬の仲間に分けましょう。

・次は、この絵カードを３枚ずつの仲間になるように並べましょう。並べたら、それぞれ何の仲間かお話ししてください。

10 お話作り

・４枚の絵カードを好きな順番に並べ替えて、絵がつながるようにお話を作りましょう。左から順番に絵カードを並べたら、絵カードを指でさしながらお話ししてください。

・けがをして一緒に遊べないお友達がいたら、あなたならどのように声をかけますか。

11 構　成

・左のお手本と同じになるように、４枚のカードを並べましょう。

集団テスト

制　作

4、5人のグループごとに、赤い線が6ヵ所に入った紙コップ、フェルトペン（青、赤、茶色）、色つきガムテープ、割りばし、はさみが用意されている。

①紙コップの赤い線に沿ってはさみで切り込みを入れ、花の形のように広げる。
②青、赤、茶色のフェルトペンで模様を描いたり、色つきガムテープを使って飾りをつけたりする。
③紙コップの底の円形のところに割りばしを引っかけ、皿まわしのように回転させて遊ぶ。

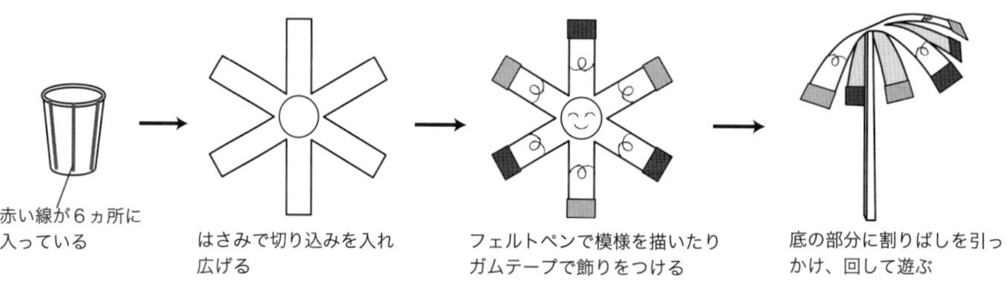

行動観察

洗濯ばさみ、積み木、ストロー、紙コップなどがたくさん用意されている。これらを使ってタワーや富士山など、テスターに言われたものをお友達と協力して作る。

親子面接

親子ともに着席し、同室で面接を受ける。

本　人

・お名前と幼稚園（保育園）の名前を教えてください。
・一緒に住んでいる人の名前を教えてください。
・お家ではどのようなお手伝いをしていますか。
・魔法が使えるとしたら、何になりたいですか。
・お父さんと何をして遊ぶのが好きですか。
・大きくなったら何になりたいですか。

父　親

・志望動機をお聞かせください。
・お仕事内容を教えてください。
・お仕事に対する思いとやりがいをお話しください。
・お仕事で大切にしていることは何ですか。

・キリスト教教育についてどのようにお考えですか。
・本校の教育に期待することは何ですか。
・本校のことはどのようにして知りましたか。
・本校のどのような点を評価していますか。
・お子さんと接している中で、幸せに感じることや成長を感じる点は何ですか。
・休日はお子さんとどのように過ごしていますか。

母親

・本校での6年間の教育で、お子さんにはどのように成長してほしいですか。
・どのようなときにお子さんをほめますか。最近どのようなことでほめましたか。
・幼稚園（保育園）でのお友達とのかかわりの中で、お子さんが成長したと思えるところはありますか。
・お子さんの健康状態について教えてください。
・お子さんは食べ物の好き嫌いがありますか。
・本校の教育に期待することは何ですか。
・本校の体験スクールには参加されましたか。

1
SHINGA
SHINGAマート
本
Shinga Book
Shinga MILK
おめでとう
うさぎのミミちゃん

★	△ □	□ □	△ ○	□ ○
♥	△ □	□ □	○ □	□ ○

5

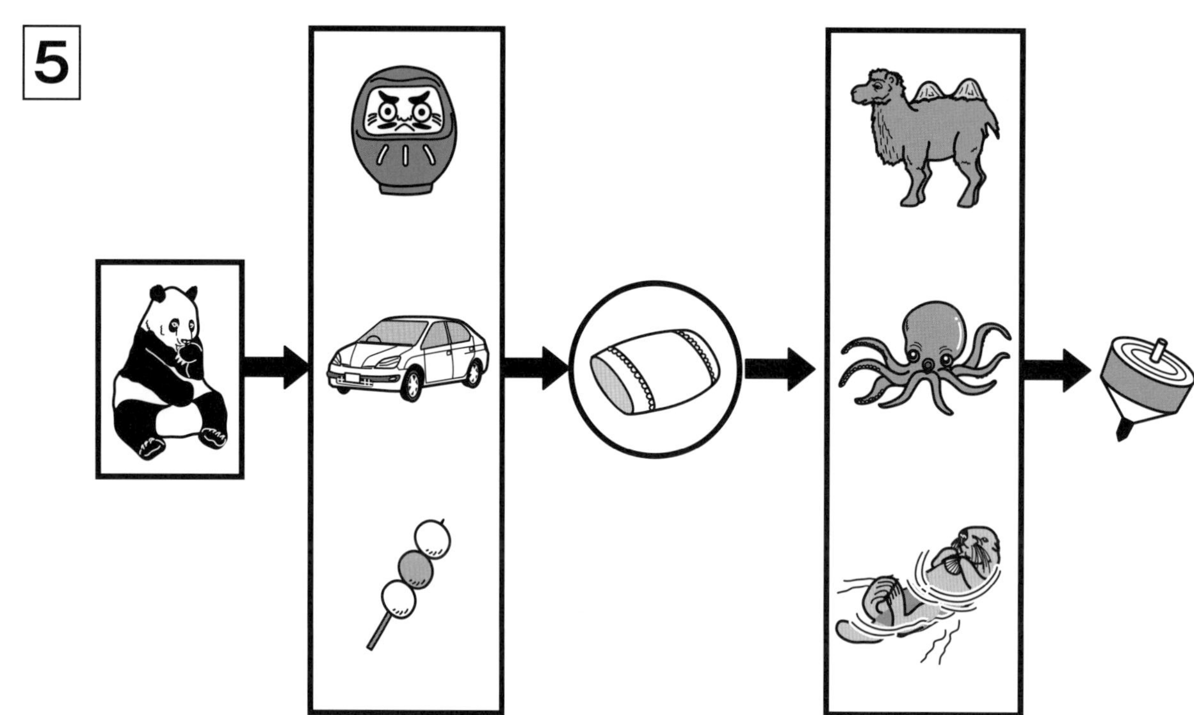

6

2023 2022 2021 2020 2019 2018 2017 2016 2015 2014

7

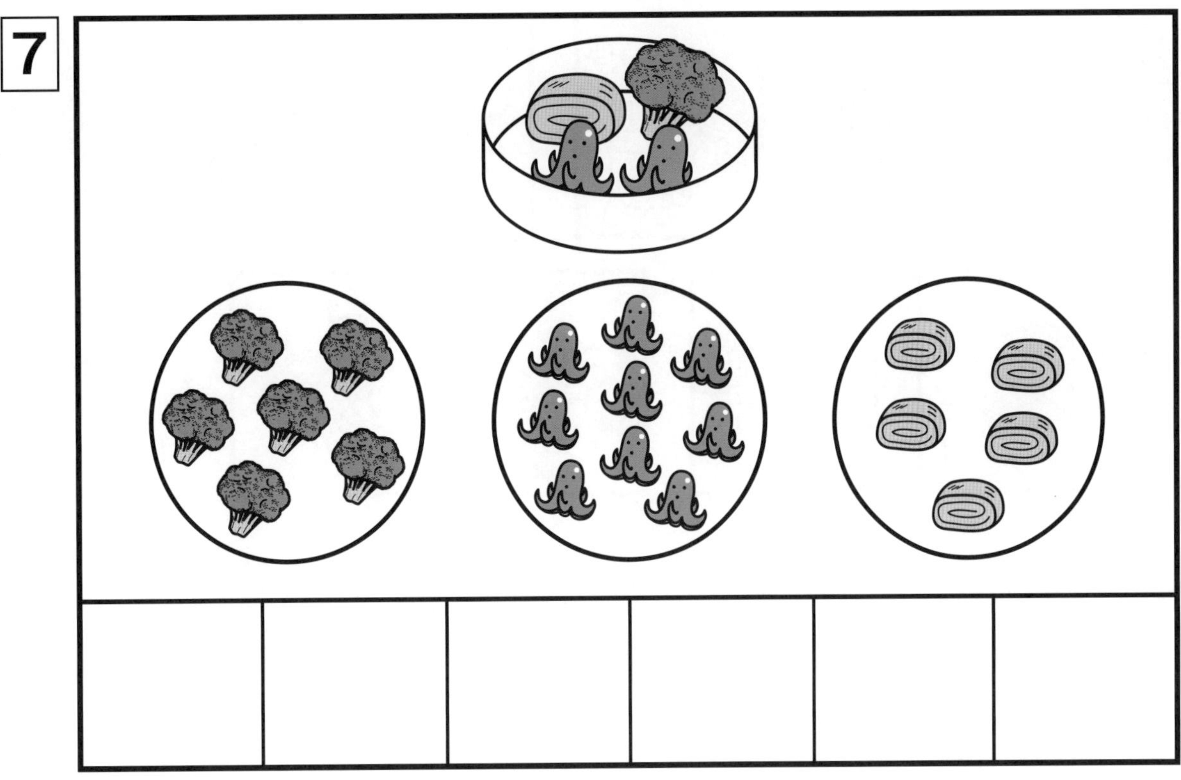

8

10

11

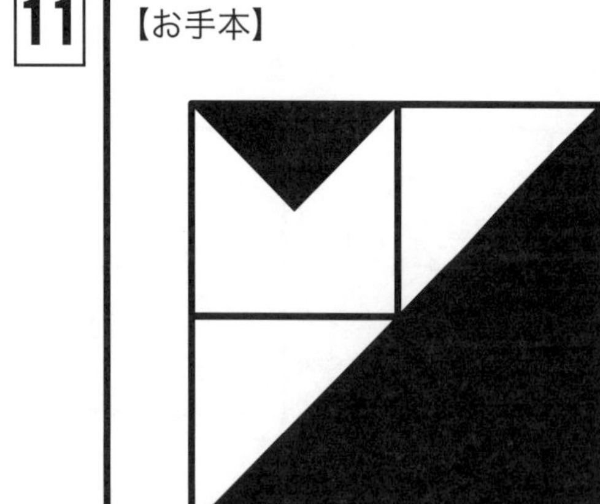

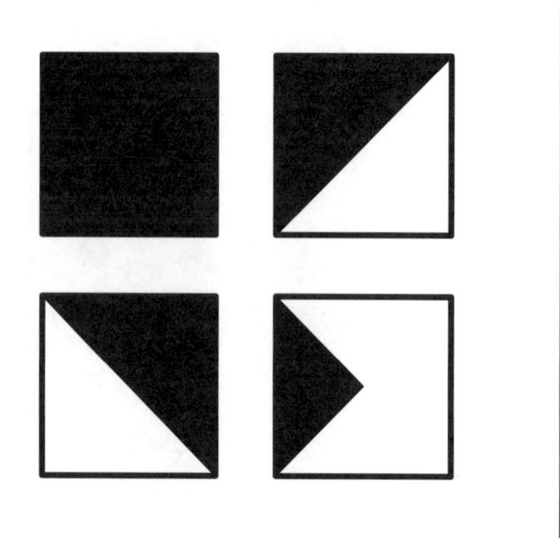

section
2015 目黒星美学園小学校入試問題

選抜方法

考査は２日間のうち１日を選択して行われる。受験番号順にペーパーテスト、個別テスト、集団テストを行う。所要時間は約３時間。考査日前の指定日時に親子面接がある。

ペーパーテスト

筆記用具は青のクレヨンを使用し、訂正方法は＝（横２本線）。出題方法は口頭。

1 話の記憶

「『真っ白できれいだけど寒いなあ』。子ギツネのコンタは雪を見ながらぶるぶると震えていました。『コンタ、こっちへおいで』。コンタはお母さんに呼ばれました。『なあに、お母さん』『コンタにお願いがあるの。この寒い冬を越すために必要なものを、この木の実と交換してきてほしいの』。お母さんは足をけがしてしまって歩くことができないのです。『わかったよ、お母さん。どこに行って何をもらってくればいいの？』『そうね。クマのクマキチさんからは薪を、ウサギのウサコさんからは毛布を、シカのシカゾウじいさんからは温かいキノコのスープをもらってきておくれ』『わかった。行ってくるね、お母さん』。コンタは雪の中を歩き始めました。『トントン。クマキチさんいますか？』『おやおや、コンタか。どうしたんだい、１匹で』『この木の実と薪を交換してくださいな』『そういうことか。わかった。ちょっと待っていておくれ』。コンタは薪をもらいました。『ありがとう、クマキチさん』。コンタは、また雪の中を歩きました。コンタには薪は少し重かったのですが､頑張って抱えました｡足跡がさっきより深くなっているなと思いました。『トントン。ウサコさん、木の実と毛布を交換してくださいな』『あらまあ、コンタ。１匹でよく来たわね。寒かったでしょう。温かい毛布よ、どうぞ』『ありがとう』。コンタは毛布をもらいました。コンタが歩き始めると、さらに足跡は深くなります。『トントン。シカゾウじいさん、木の実とキノコのスープを交換してくださいな』『ごほっごほっ。コンタか。１匹でよく来たね。スープをあげたいのじゃが、今、わしは風邪を引いてスープを作っていないのじゃ。すまんのう』。コンタはシカゾウじいさんのことが心配になりました。そこで、こう言いました。『シカゾウじいさん、僕の持っている薪と毛布と木の実をあげるよ』『それはコンタのだろう？　ちゃんとお家に持って帰りなさい』『あげるよ。木の実はまた明日も持ってくるね』『本当にいいのかい？』『うん。暖かくして早く風邪を治してね』『ありがとう、コンタ。助かるよ』。コンタはシカゾウじいさんにさようならを言って、お家へ帰ることにしました。でも、その途中でどんどん心配になってきました。『お母さんに怒られちゃうかな……。お母さんとのお約束やぶっちゃった』。コンタはもう何も持っていませんでした。身軽になったはずなのに、体が重く感じました。やっとこさ家に着いてドアを開けると……。『おかえり、コンタ』。お母さんがけがをした足を引きずってコンタを迎えてくれました。コンタは正直にお母さんにあったことをすべて話しました。お母さんはじっとコンタの目を見て話を聞いていました。『そう、そんなことがあったの』。そう言って、お母さんはニッコリほほ笑んで優しくコンタの頭をなでました」

・上の３段です。コンタはどのような順番で３匹の動物のお家に行きましたか。正しい順番に並んでいる段の果物に○をつけましょう。
・４段目です。ウサコさんのお家を出たときの、コンタの様子に合う絵に○をつけましょう。
・５段目です。コンタは、シカゾウじいさんにさようならを言ってお家へ帰る途中、どのような顔をしていたと思いますか。合う絵に○をつけましょう。
・一番下の段です。コンタの話を聞いて、最後にお母さんは何と言ったと思いますか。次の３つの中からこう言ったと思うキツネのお母さんの絵に○をつけましょう。（テスターが絵を１つずつ指でさしながら話す）左のキツネさんは「なんで勝手に全部あげてきてしまったの？」と言っています。真ん中のキツネさんは「残念だけどお母さんの足はまだまだ治りそうにないわ」と言っています。右のキツネさんは「また、シカゾウじいさんのところへお見舞いに行ってあげましょう」と言っています。

2 推理・思考（左右弁別）

・６枚の絵の中で、右手を上げている男の子すべてに○をつけましょう。

3 推理・思考（鏡映図）

・左の絵のように男の子が鏡の前で髪を乾かしています。鏡にはどのように映っていますか。右から選んで○をつけましょう。

4 数量・巧緻性

・四角の中に虫は何匹いますか。その数だけ、下の丸の中を線からはみ出さないようにきれいに塗りましょう。

5 言語（しりとり）

・上の絵をしりとりでつながるようにするには、空いているところにどの絵を入れればよいですか。下から選んで点と点を線で結びましょう。下の段もやりましょう。

6 系列完成

・矢印からスタートして、果物を決まりよく並べていきます。星と音符の印のところにはどの果物が入りますか。それぞれ右の同じ印の四角から選んで○をつけましょう。

7 数量（対応）

・上はお食事の準備をしている絵です。お皿とスプーンとフォークをセットにして並べていったとき、テーブルの上にあるもので何人分用意することができますか。その数だけ右のマス目に○をかきましょう。

・今度はデザートの準備です。（テスターがリンゴ2切れ、イチゴ3粒が盛られているお手本を黒板で見せる）これと同じお皿を3人分作るには、それぞれあといくつあったらよいですか。それぞれ足りない数だけ右の四角のリンゴとイチゴに○をつけましょう。

個別テスト

集団テストの間に1人ずつ呼ばれて別室で行う。

8 常識（季節）

・これは、春、夏、秋、冬のどの季節に行うものですか。お話ししてください。

9 常識（季節）

・絵の中で、秋の仲間を2つ選んで指でさしてください。

10 常識（仲間探し）

・（スプーン、包丁、筆、鉛筆、はさみ、おたまの絵カードを見せながら）6枚の絵カードを2つずつの仲間になるように並べましょう。並べたら、それぞれ何の仲間かお話ししてください。

11 お話作り

・4枚の絵カードを好きな順番に並べて、絵がつながるようにお話を作りましょう。左から順番に絵カードを並べましょう。並べたら絵カードを指でさしながらお話ししてください。

12 構成・記憶

真四角の積み木がいくつか用意されている。

・（お手本を見せられる）お手本をよく見て覚えましょう。（お手本を隠す）では、さっき見たお手本と同じになるように、積み木を置きましょう。

集団テスト

13 制作（ヨーヨー作り）

４つの机が向かい合わせになっていて、それぞれの机で１人ずつ行う。深さのある紙皿（２枚重ねにしたもの）２セット、タコ糸が結ばれている輪ゴム、ペットボトルのふた２個、コーヒー豆５粒（グループによっては小豆など）がトレーに入れられて１人ずつ配られる。グループごとに、フェルトペン、キラキラしたシール（切り分けられたもの）、両面テープ（切り分けられたもの）、セロハンテープが机の中央に用意されている。これらを使って指示通りにヨーヨーを作って遊ぶ。ヨーヨーは持って帰ってよい。

①紙皿の外側に好きな絵をフェルトペンで描き、キラキラシールで飾りつけをする。（シールは１人８枚までのお約束）
②ペットボトルのふたにコーヒー豆を入れて、もう１つのふたを合わせ、セロハンテープで留める。
③ペットボトルのふたにタコ糸のついた輪ゴムを二重巻きにして留める。
④ペットボトルのふたの上下に両面テープを貼り、紙皿の内側の中央に貼りつけ、もう１組の紙皿でふたを挟むように貼り合わせる。
⑤タコ糸の端に指が入る大きさの輪を作ってかた結びをする。

行動観察

制作で作ったヨーヨーで遊ぶ。

自由遊び

用意されている紙コップ、紙皿、洗濯ばさみ、積み木を使って自由に遊ぶ。

親子面接

親子ともに着席し、同室で面接を受ける。

本人

・一緒に住んでいる家族の名前を教えてください。
・今度、幼稚園（保育園）に行ったら何をして遊びたいですか。
・お家でどのようなお手伝いをしますか。
・これからやってみたいお手伝いは何ですか。
・お父さんと何をして遊ぶのが楽しいですか。
・お母さんと何をして遊ぶのが楽しいですか。

父親

・志望理由をお聞かせください。
・仕事をするうえで何を大切にしていますか。

・お子さんとどのようにかかわっていますか。
・父親から見てどのようなお子さんですか。

母 親

・将来どのように成長してほしいですか。
・ご家庭の教育方針と、子育てで気をつけていることを教えてください。
・お子さんの健康面で気になることはありますか。
・今の幼稚園（保育園）に入園してよかったと思うのはどのようなときですか。
・お子さんの成長を感じるのはどのようなときですか。

2023
2022
2021
2020
2019
2018
2017
2016
2015
2014

1

2
3
4

5

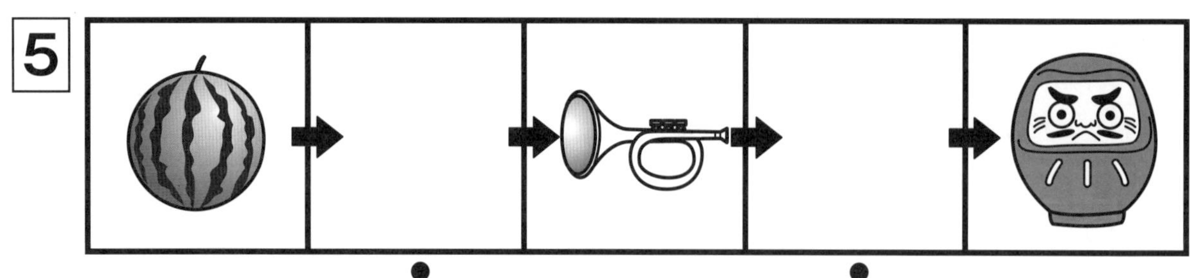

6

7

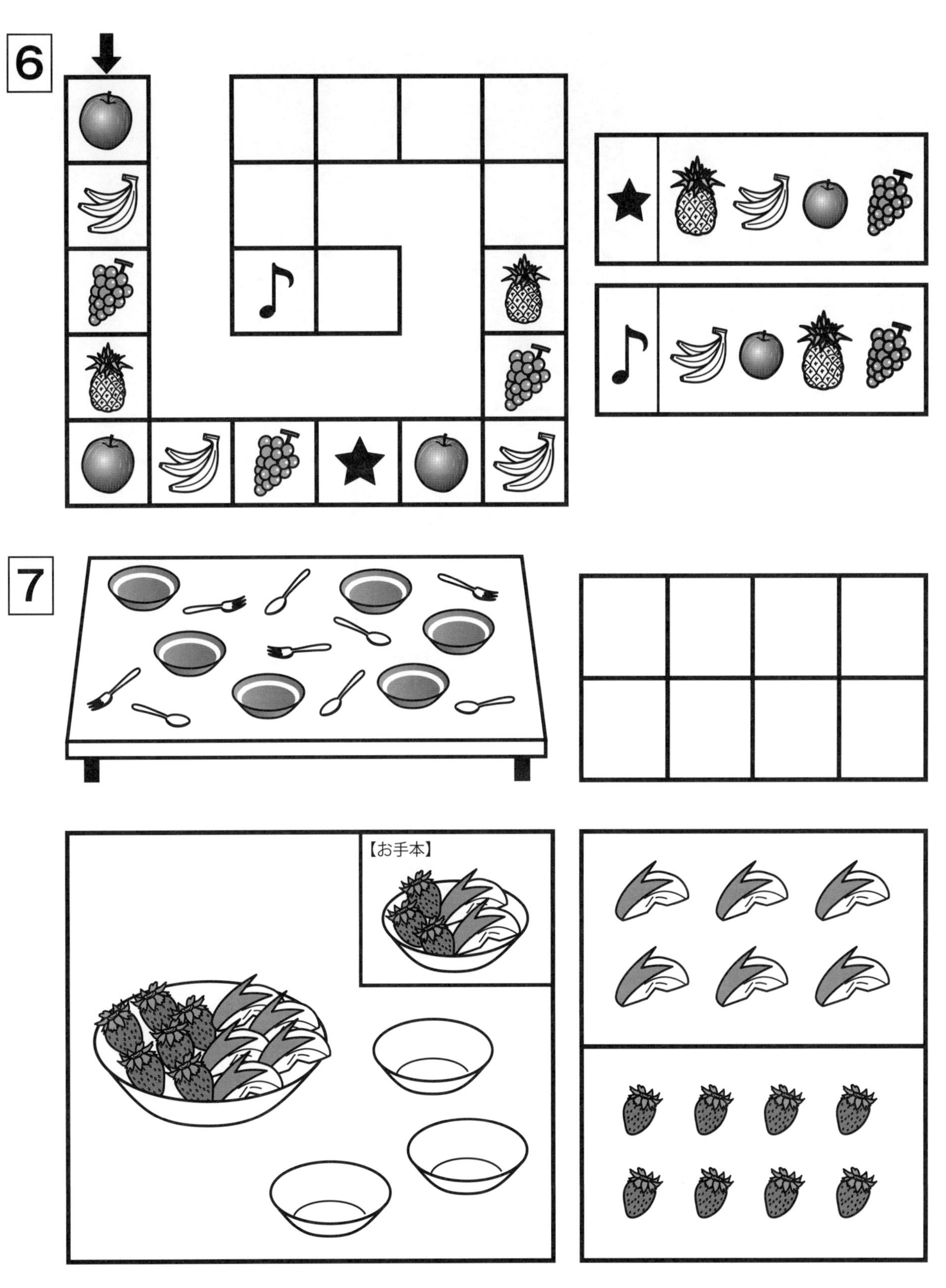

8

9

10

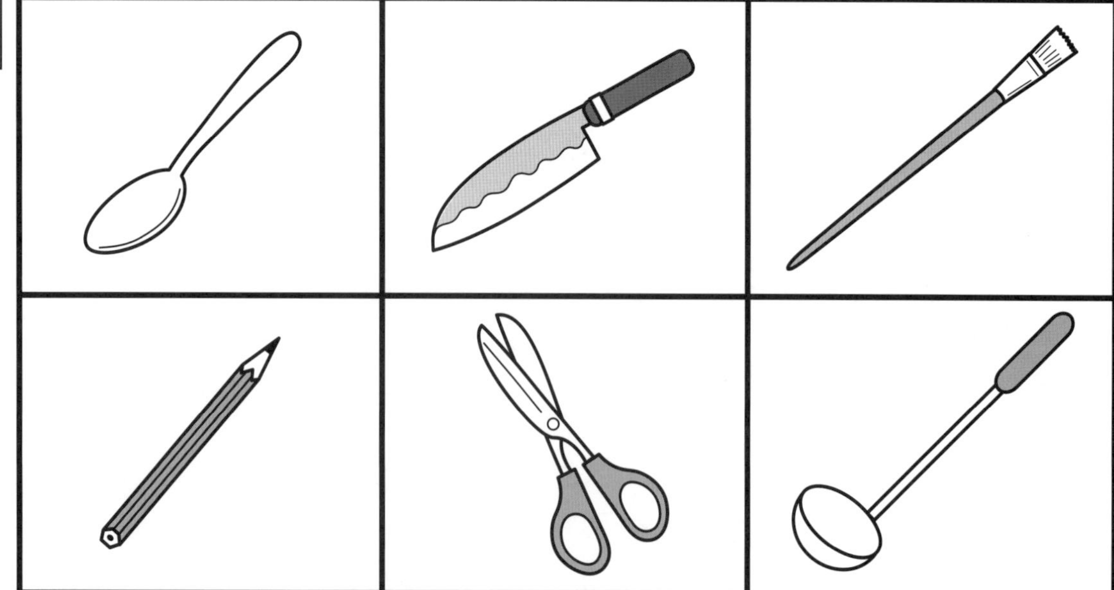

11

12

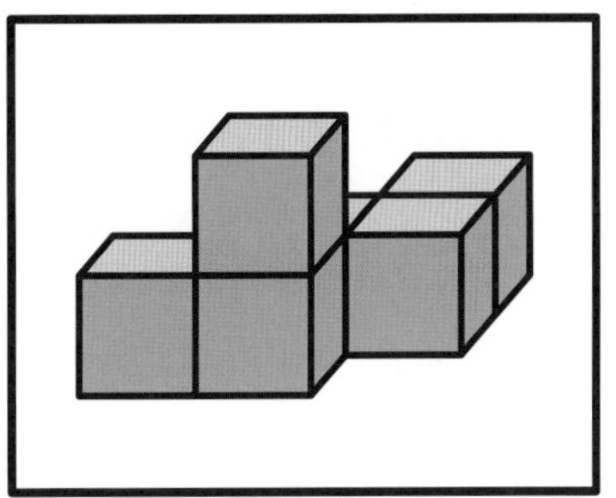

13

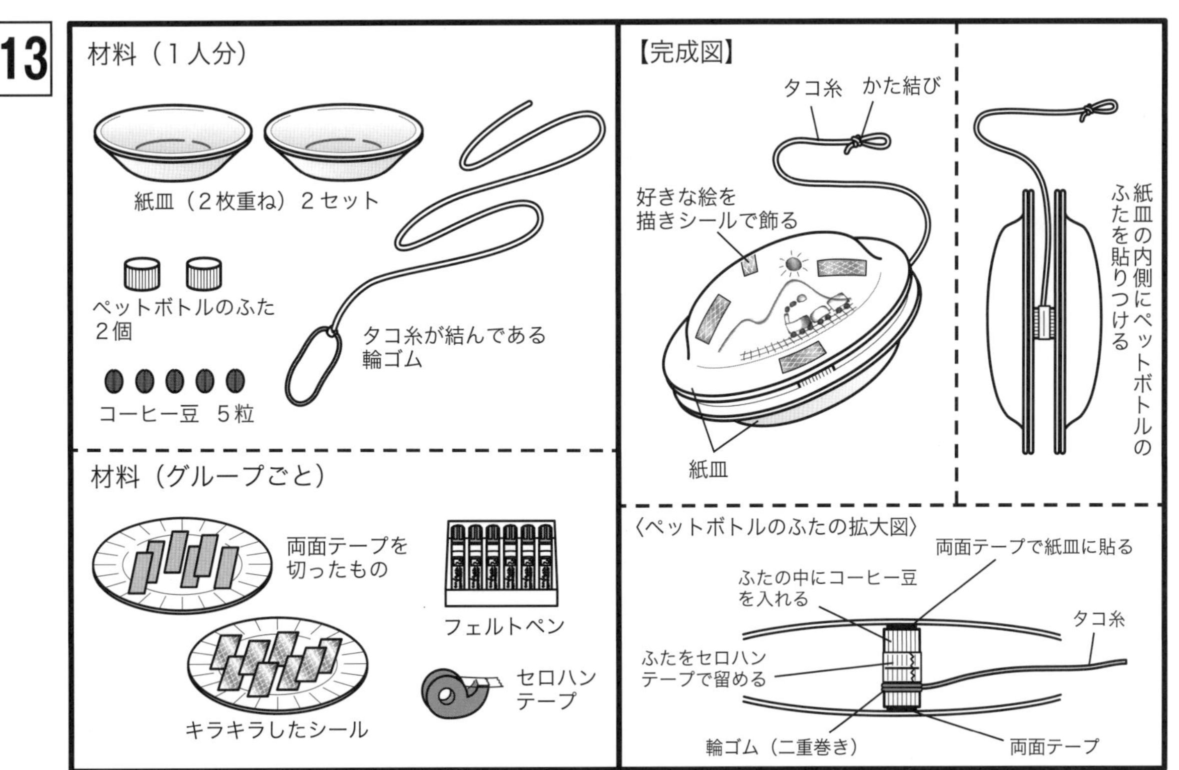
材料（1人分）
紙皿（2枚重ね）2セット
ペットボトルのふた
2個
タコ糸が結んである
輪ゴム
コーヒー豆　5粒
材料（グループごと）
両面テープを
切ったもの
フェルトペン
キラキラしたシール
セロハン
テープ
【完成図】
タコ糸
かた結び
好きな絵を
描きシールで飾る
紙皿
紙皿の内側にペットボトルのふたを貼りつける
〈ペットボトルのふたの拡大図〉
両面テープで紙皿に貼る
ふたの中にコーヒー豆
を入れる
タコ糸
ふたをセロハン
テープで留める
輪ゴム（二重巻き）
両面テープ

section
2014 目黒星美学園小学校入試問題

選抜方法

考査は２日間のうち１日を選択して行われる。受験番号順にペーパーテスト、個別テスト、集団テストを行う。所要時間は約３時間。考査日前の指定日時に親子面接がある。

ペーパーテスト

筆記用具は青のクレヨンを使用し、訂正方法は ＝（横２本線）。出題方法は口頭。

1 話の記憶

「『あっ君、おやつよー』。台所から甘い香りがしてきたな、と思うとあっ君を呼ぶお母さんの声が聞こえました。『はーい、今行くよー』。元気よくお返事をしてあっ君は台所へ行きました。『わー！　今日のおやつはクッキーだね。おいしそう！』『そうよ。ねえ、あっ君、お山の上のおばあちゃんのお家に届けてあげたらどうかしら。そして、おばあちゃんと一緒にお茶を入れてクッキーを食べていらっしゃい』『やったあ！』あっ君は焼きたてのクッキーをお気に入りのカゴに入れて元気よくお家を飛び出しました。おばあちゃんのお家に向かう途中、キツネのコンタ君のお家の前を通ると『おーい！　あっ君』とコンタ君の呼ぶ声がします。『風船をたくさん持っていたら、屋根の上まで飛ばされちゃったんだ。そこにあるはしごを屋根にかけてくれるかな』『いいよ！　任せといて』。あっ君は持っていたカゴを地面に置いて、屋根にはしごをかけてコンタ君を助けに行きました。おかげでコンタ君は無事に降りてくることができました。『あー、よかった。あっ君、どうもありがとう』『どういたしまして』『これ、お礼にどうぞ』。コンタ君はあっ君のカゴに黄色い風船を３つ結んでくれました。『コンタ君、ありがとう！』あっ君は大喜びでおばあちゃんのお家に向かいました。しばらく歩いていくと『おーい、あっ君』。クマのクマオ君の呼ぶ声がしました。『川で遊んでいたら、岸まで戻れなくなってしまったよ。僕、泳げないんだ。そこにあるロープを僕に投げてくれない？』『いいよ、任せといて！』あっ君は持っていたカゴを置いて、クマオ君に向かってロープを投げました。クマオ君は無事に岸に戻ってくることができました。『あー、よかった。あっ君、どうもありがとう』『どういたしまして』と言っておばあちゃんのお家へ行こうと思ったそのとき、さっきまでそこにあったカゴがありません。あっ君は泣きそうになったけれど、ぐっと我慢をしておばあちゃんのお家へ向かいました。『せっかくおばあちゃんと一緒に食べようと思っていたのに、あーあ』。おばあちゃんのお家のドアを開けると『いらっしゃい、あっ君。おいしそうなクッキーをありがとう』『えっ？　僕クッキーをなくしちゃったんだよ』『あら、あっ君のお気に入りのカゴに入れてさっき届けてくれたんじゃないの？　黄色い風船でフワフワと届いたのよ』」

・1段目です。あっ君がおばあちゃんに届けようとしたものは何でしたか。あてはまるものを選んで○をつけましょう。
・2段目です。クマオ君を助けた後、おばあちゃんのお家に向かったあっ君はどんな顔をしていましたか。あてはまるものを選んで○をつけましょう。
・3段目です。あっ君のクッキーはどのようにしておばあちゃんのお家へ届きましたか。あてはまるものを選んで○をつけましょう。
・4段目です。あっ君が「えっ？　僕クッキーをなくしちゃったんだよ」と言ったときの顔はどれだと思いますか。あてはまるものを選んで○をつけましょう。

2 常識（仲間探し）

・上の段です。左側の四角に描いてあるハクサイと仲間のものを右側から1つ選んで○をつけましょう。
・下の段です。左側の四角に描いてある消しゴムと仲間のものを右側から1つ選んで○をつけましょう。

3 常識（交通道徳）

・この絵の中でルールを守れていない子ども2人に○をつけましょう。

4 系列完成

・決まりよく男の子の絵が並んでいます。空いている四角にあてはまる絵をすぐ下から選んで○をつけましょう。
・決まりよく動物の絵が並んでいます。空いている四角にあてはまる絵をすぐ下から選んで○をつけましょう。

5 数量（対応）

・上の段です。3人の男の子と2人の女の子がおじいさんのお家に遊びにやって来ました。おじいさんは1人に1個ずつリンゴをあげることにしました。おじいさんがみんなにあげる数だけリンゴに○をつけましょう。
・下の段です。男の子3人がおじいさんのお家から帰りました。おじいさんのお家に残っている子どもの靴に○をつけましょう。

6 言語（同尾語）

・左の絵と同じ音で終わるものを右側から選んで○をつけましょう。

7 巧緻性・数量

・トンボの数と同じ数だけ丸の中を丁寧に塗りましょう。

8 推理・思考

・絵の入っていないカードにはどの果物が入りますか。下の３つから選んで○をつけましょう。

個別テスト

集団テストの間に１人ずつ呼ばれて別室で行う。

9 常識・言語

・絵の中で仲間はずれはどれですか。また、それはなぜか理由を教えてください。
・（サクラの絵を指さして）サクラに続けてしりとりをしましょう。

10 お話作り

・４枚の絵を好きな順番に並べて、絵がつながるようにお話をしてください。

11 構　成

パターンブロックの台形３つ、ひし形３つ、三角形２つと台紙が２つ用意されている。
・２つの台紙の中にピッタリ入るようにブロックを入れてください。ただし、使わないブロックが１つあります。

集団テスト

行動観察

用意されているたくさんの木片を使って自由に遊ぶ。

行動観察

紙コップ、紙皿、木片、洗濯ばさみがたくさん用意されている。５、６人のグループに分かれ、お友達と協力して好きなものを作る。

12 制作（輪投げドーム作り）

プラスチックのコップ、ストロー（半分の長さ）、リング４色各１個ずつ、厚紙（真ん中に穴が開いている）、はさみが配られる。グループごとにフェルトペン、シール（いろいろな形のシールが１枚ずつ切り分けられている)、ガムテープを切ったもの、カラーテープを切ったものが用意されている。それらを使って指示通りに輪投げドームを作る。できあがったら輪投げドームのストローにリングをかけて遊ぶ。輪投げドームは持って帰ってよい。

①厚紙の丸を線に沿ってはさみで切る。
②厚紙やコップにフェルトペンで好きな絵を描いてシールを貼り、自由に飾りつける。シールは１人３枚まで使ってもよいと言われる。
③ストローに切り込みを入れて開いて厚紙の穴に通す。ストローの切り込みを開いた部分を厚紙の裏からガムテープで留める（ガムテープで留めるのはテスター)。
④コップの中にリングを入れ、ストローをコップの中に入れるようにして厚紙でふたをし、カラーテープで留める。

親子面接

親子ともに着席し、同室で面接を受ける。

本人

・一緒に住んでいる家族の名前を教えてください。
・幼稚園（保育園）では何をして遊びますか。
・お家でどのようなお手伝いをしますか。
・お父さんと何をして遊ぶのが楽しいですか。
・お母さんと何をして遊ぶのが楽しいですか。

父親

・志望理由をお聞かせください。
・仕事をするうえで何を大切にしていますか。
・お子さんとどのようにかかわっていますか。
・どのようなお子さんですか。

母親

・将来どのように成長してほしいですか。
・お子さんの健康面で気になることはありますか。
・今の幼稚園（保育園）に入園してよかったと思うのはどのようなときですか。
・お子さんの成長を感じるのはどのようなときですか。

1

2

3

4

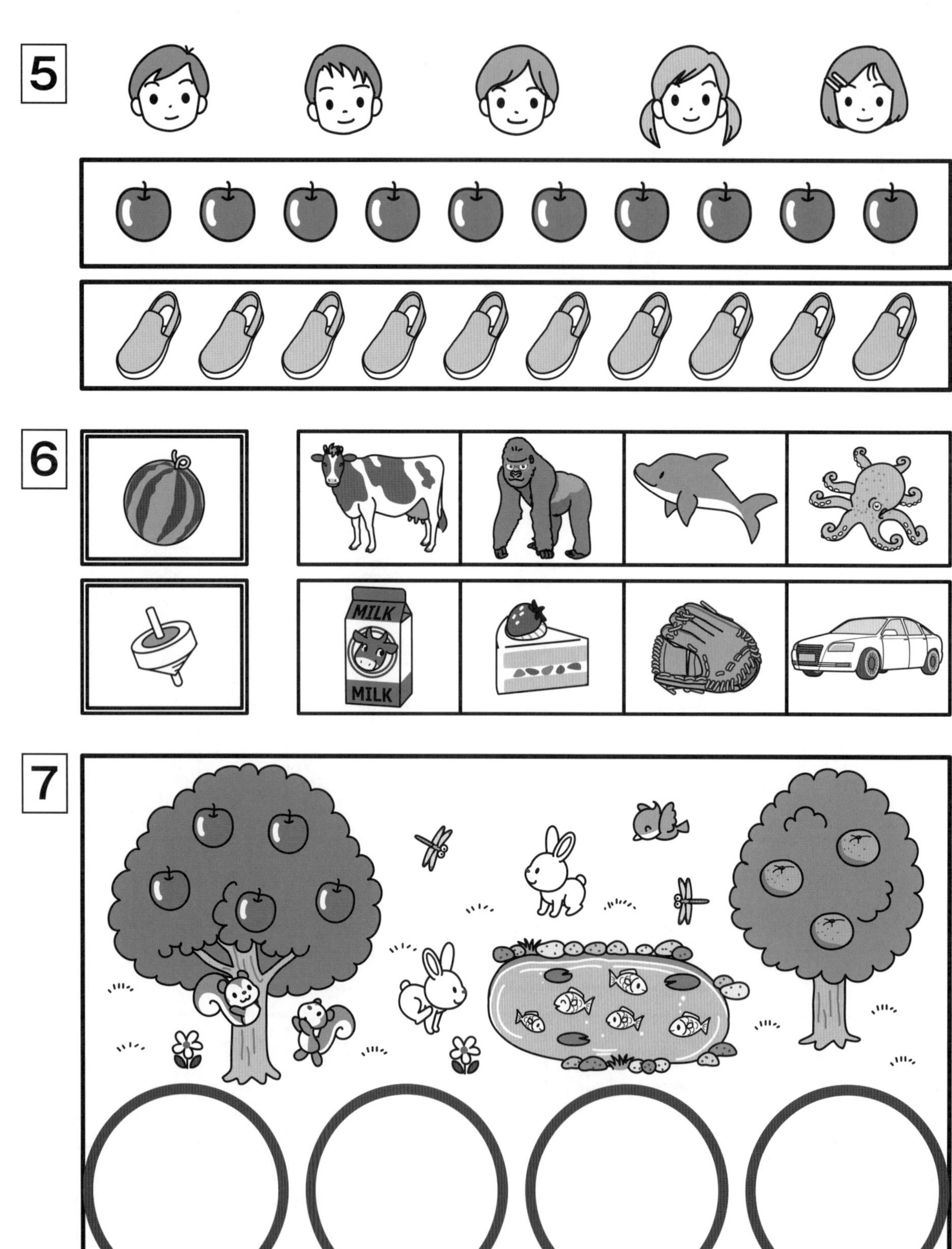
5
6
MILK
MILK
7

8

9

10

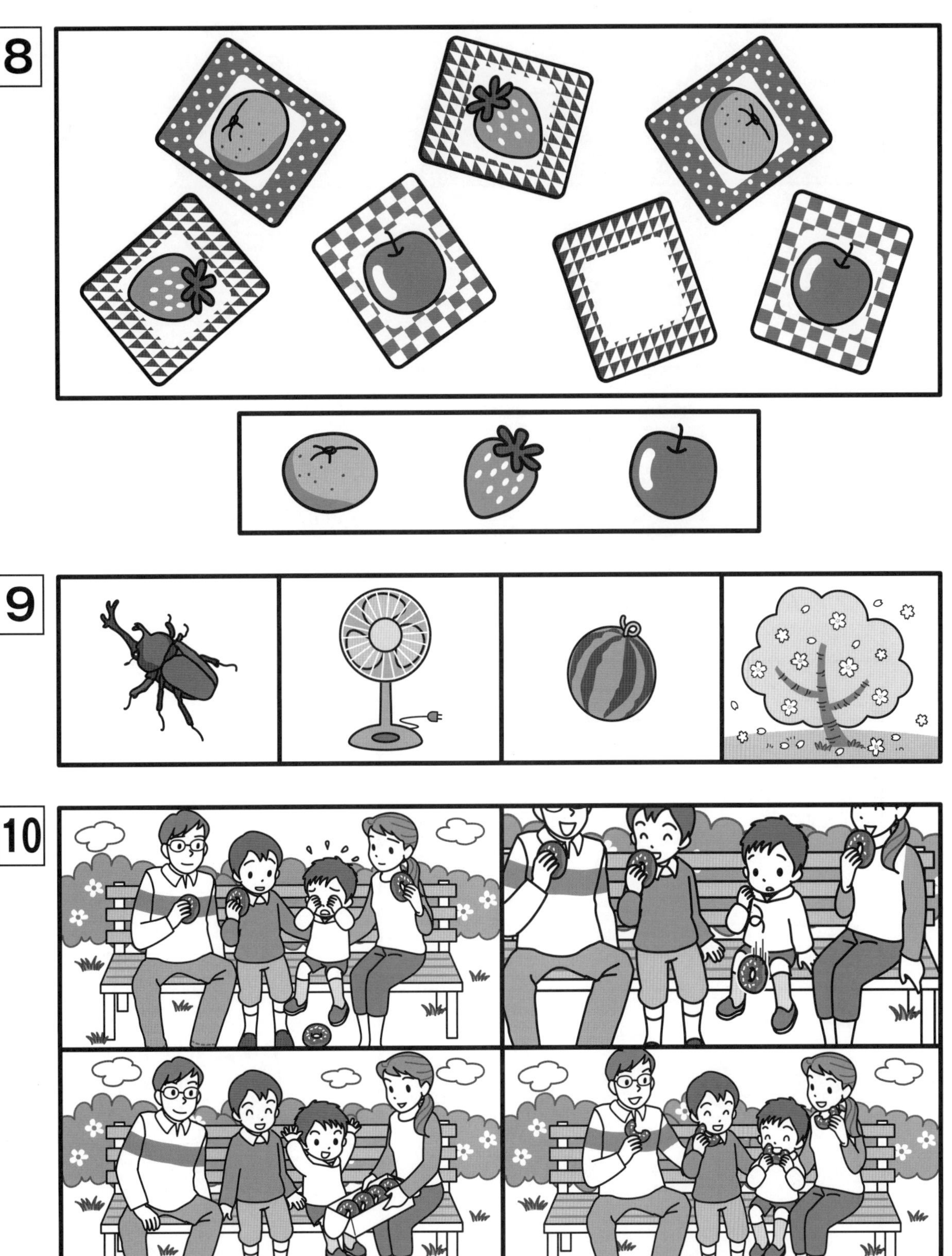

2023
2022
2021
2020
2019
2018
2017
2016
2015
2014

11

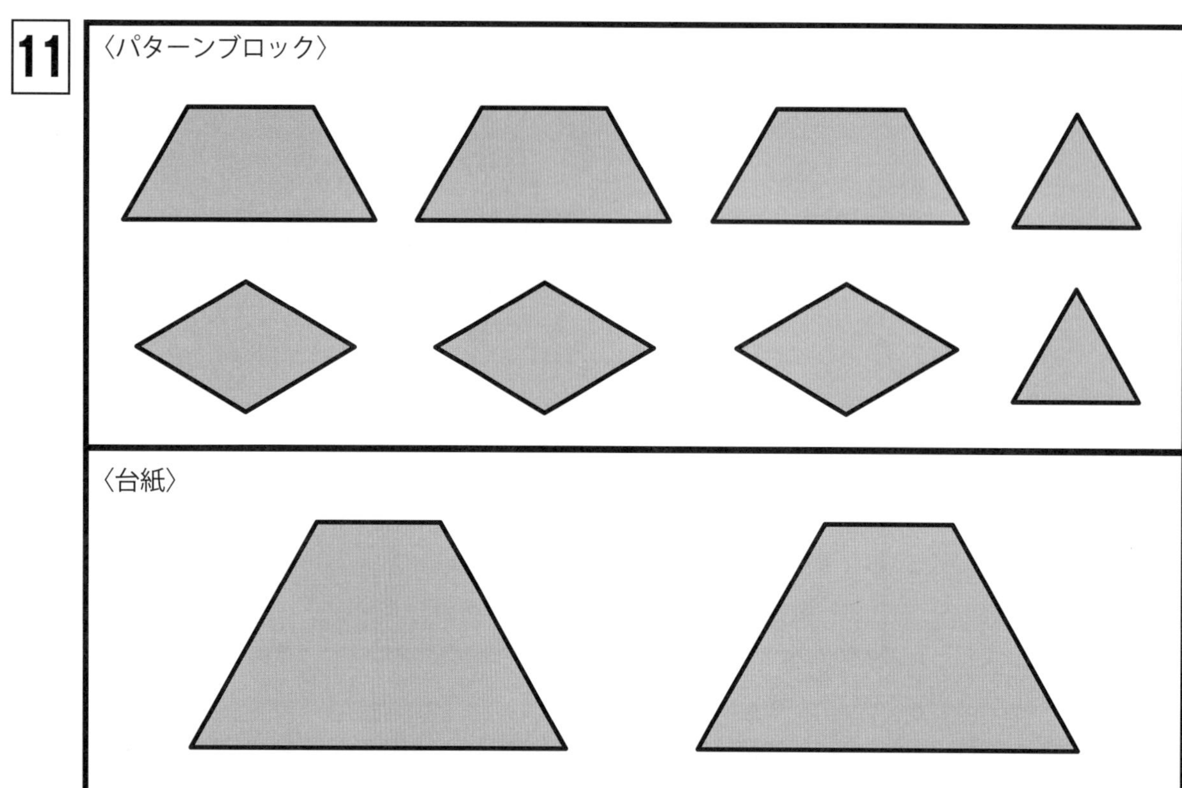

12

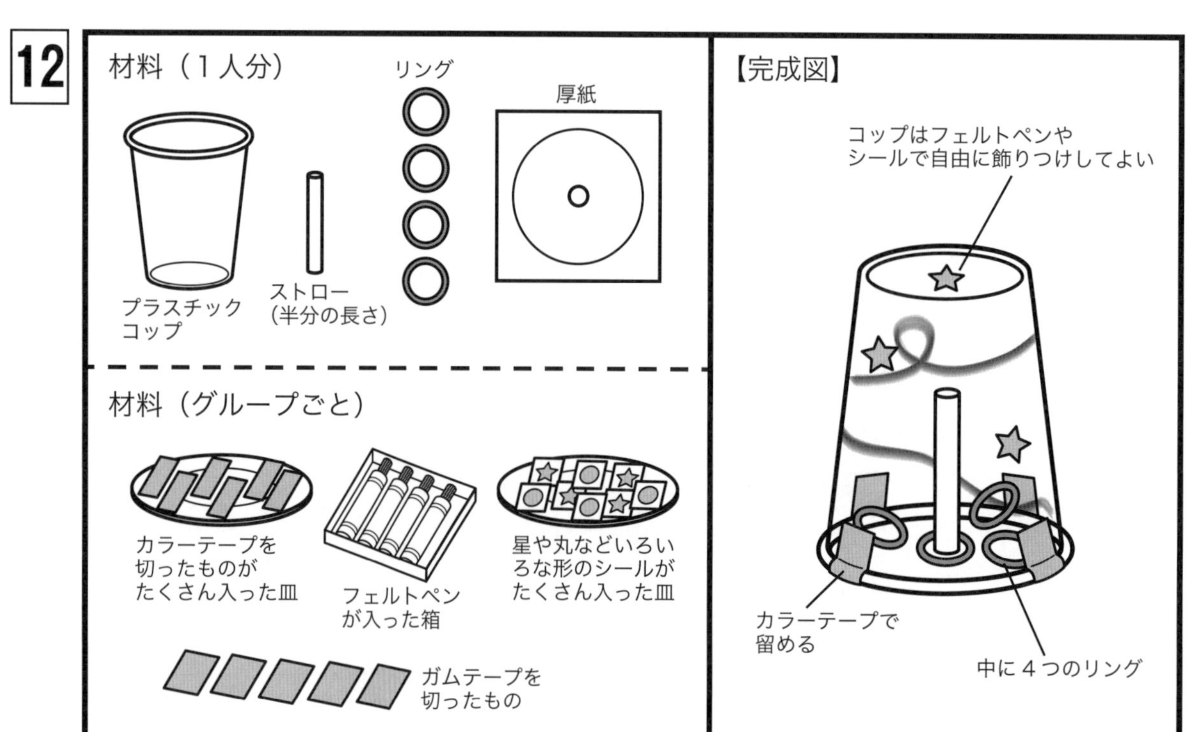

サレジアン国際学園 目黒星美小学校
入試シミュレーション

サレジアン国際学園目黒星美小学校入試シミュレーション

1 話の記憶

「今日はちえこちゃんの６歳の誕生日です。太陽はキラキラ輝いて、まるでちえこちゃんをお祝いしてくれているみたいです。お誕生会に呼ばれたあやこちゃんとみちこちゃんは、近くのテニスコートの前で待ち合わせをして、一緒にバスでちえこちゃんのお家に行くことにしました。『今日はとってもよいお天気で気持ちがいいわね』『ちえこちゃんと何をして遊ぼうか？』バスに乗ってそんなおしゃべりをしているうちに、停留所に着きました。バスを降りるとそこには先に来ていためぐみちゃんとちえこちゃんが迎えに来ていました。ちえこちゃんは、お父さんからもらった新しい靴を履き、おばあさんからもらったパンダのぬいぐるみをうれしそうに抱えていました。『今日は来てくれてありがとう』とちえこちゃんはみんなに言いました。ちえこちゃんのお家に着いてからすぐに、妹のさっちゃんを連れて、みんなでお花がたくさん咲いていて、きれいな噴水のある公園に遊びに行きました。最初に、みんなでブランコをして遊びました。その次はさっちゃんの大好きなすべり台、その後はドンジャンケンをして遊びました。少し休憩してから野原で草の首飾りを作っていると、ちえこちゃんのお母さんが『ケーキが焼けたわよ』と呼びに来てくれました。みんなはちえこちゃんのお家に戻り、焼きたてのケーキを食べました」

・一番上の段です。ちえこちゃんのお誕生日はどんなお天気でしたか。お話に合う絵に○をつけましょう。
・次の２段です。あやこちゃんとみちこちゃんは、どこで待ち合わせをして、どうやって行きましたか。上と下、それぞれお話に合う絵に○をつけましょう。
・次の２段です。みんなが遊びに行った公園の絵に○をつけましょう。
・一番下の２段です。公園ではどういう順番で遊びましたか。左から正しい順番に並んでいる絵に○をつけましょう。

2 数　量

・サルさんが何匹いるか数えて、その数だけサルさんの絵の横にある長四角に○をかきましょう。
・バナナが何本あるか数えて、その数だけバナナ１本の絵の横にある長四角に○をかきましょう。
・サルさんは１匹で、バナナを３本食べます。足りないバナナの数だけ、バナナ１房の絵の横にある長四角に○をかきましょう。
・サルさん３匹がバナナを仲よく分けて食べます。サルさん１匹はバナナを何本食べられますか。その数だけ、サルさん３匹の絵の横にある長四角に○をかきましょう。

3 数量（対応）

・カップとお皿、スプーンを１つずつ組み合わせてセットにします。四角の中のものを全部使ってセットを作ると、何セットできますか。その数だけ下のマス目に○をかきましょう。

4 推理・思考（鏡映図）

・左端を見てください。上の女の子と下の男の子は、それぞれどのように鏡に映っていますか。右から選んで○をつけましょう。

5 推理・思考・構成

・左側の四角の中の形を合わせてできる影を、右側の四角の中から探して、点と点を線で結びましょう。

6 推理・思考（重さ比べ）

・左側のシーソーを見て、一番重いものに○、一番軽いものに×をつけましょう。印は右の絵につけましょう。

7 系列完成

・絵や印が決まりよく並んでいます。空いているところに入る絵や印を同じ段から探して、指でさしましょう。

8 常識（仲間分け）・言語

・それぞれの段で仲間ではない絵を探して指でさして、その理由をお話ししましょう。

9 常識（季節）・言語

・それぞれの段で１つだけ季節が違う絵があります。その絵を指でさして、仲間がある季節と仲間がない季節について、それぞれお話ししましょう。

10 常識（交通道徳）・言語

・絵の中でいけないことをしている人がいます。１人ずつ指でさして、なぜいけないのかお話ししましょう。

11 お話作り

・４枚の絵カードを自分で作ったお話の順番に並べ替えて、お話ししましょう。

1

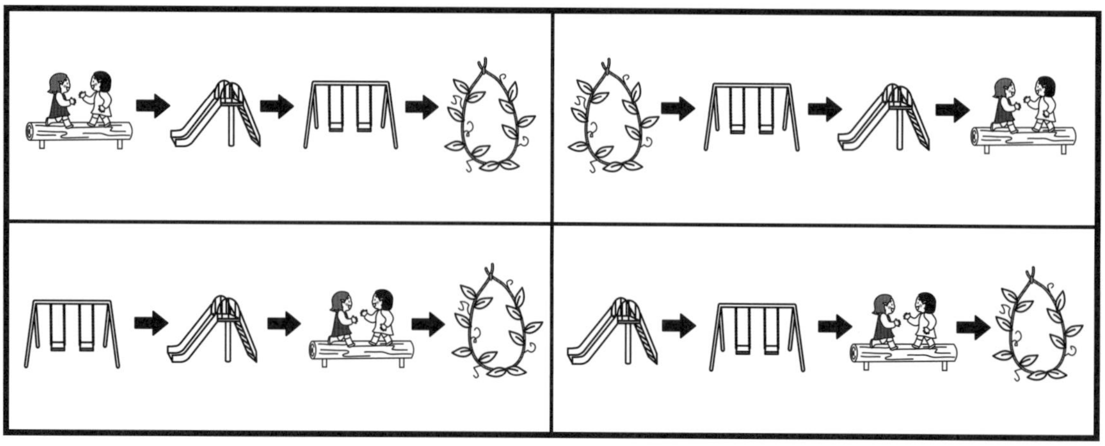

2

3

4

5

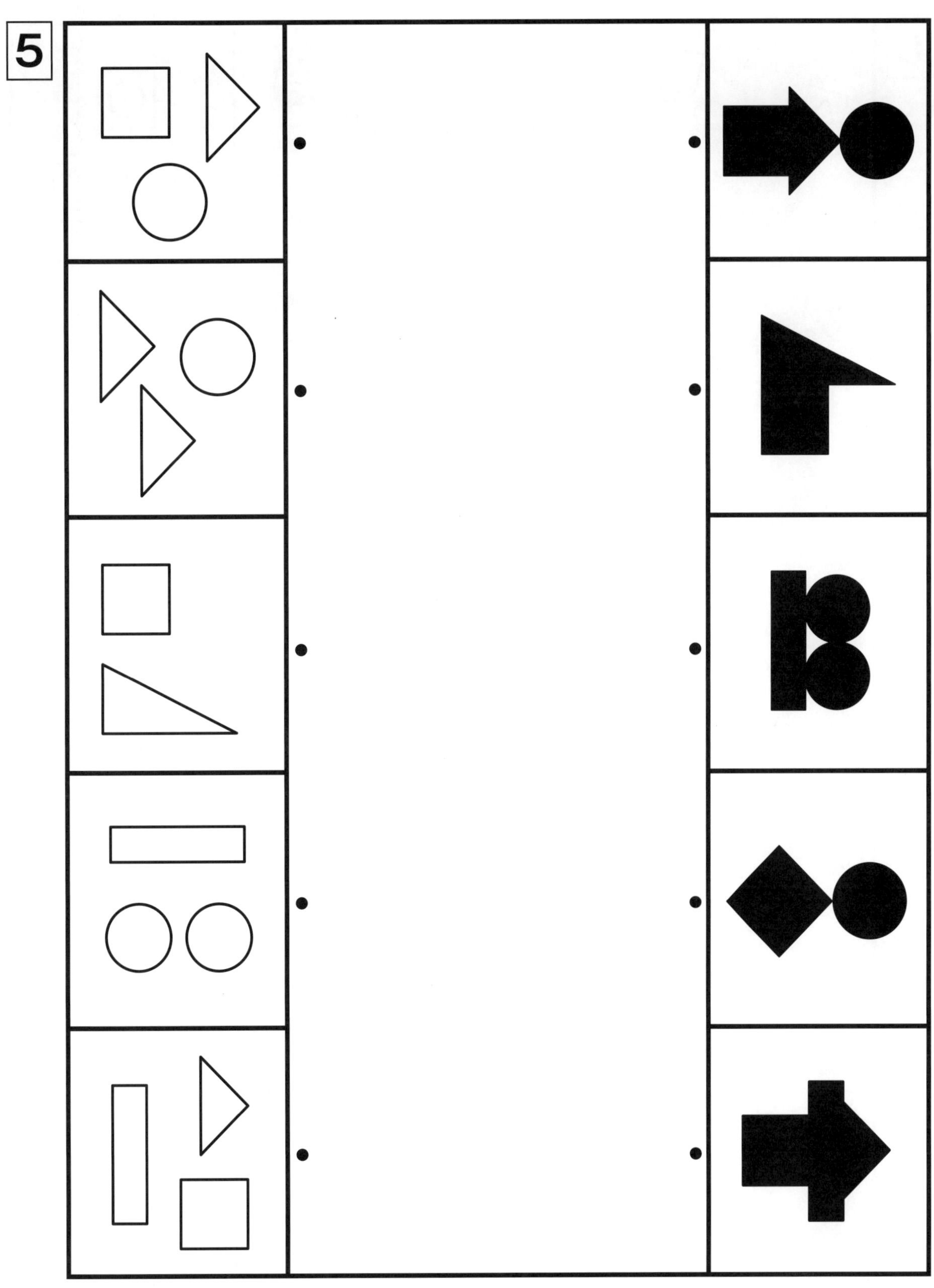

6

7

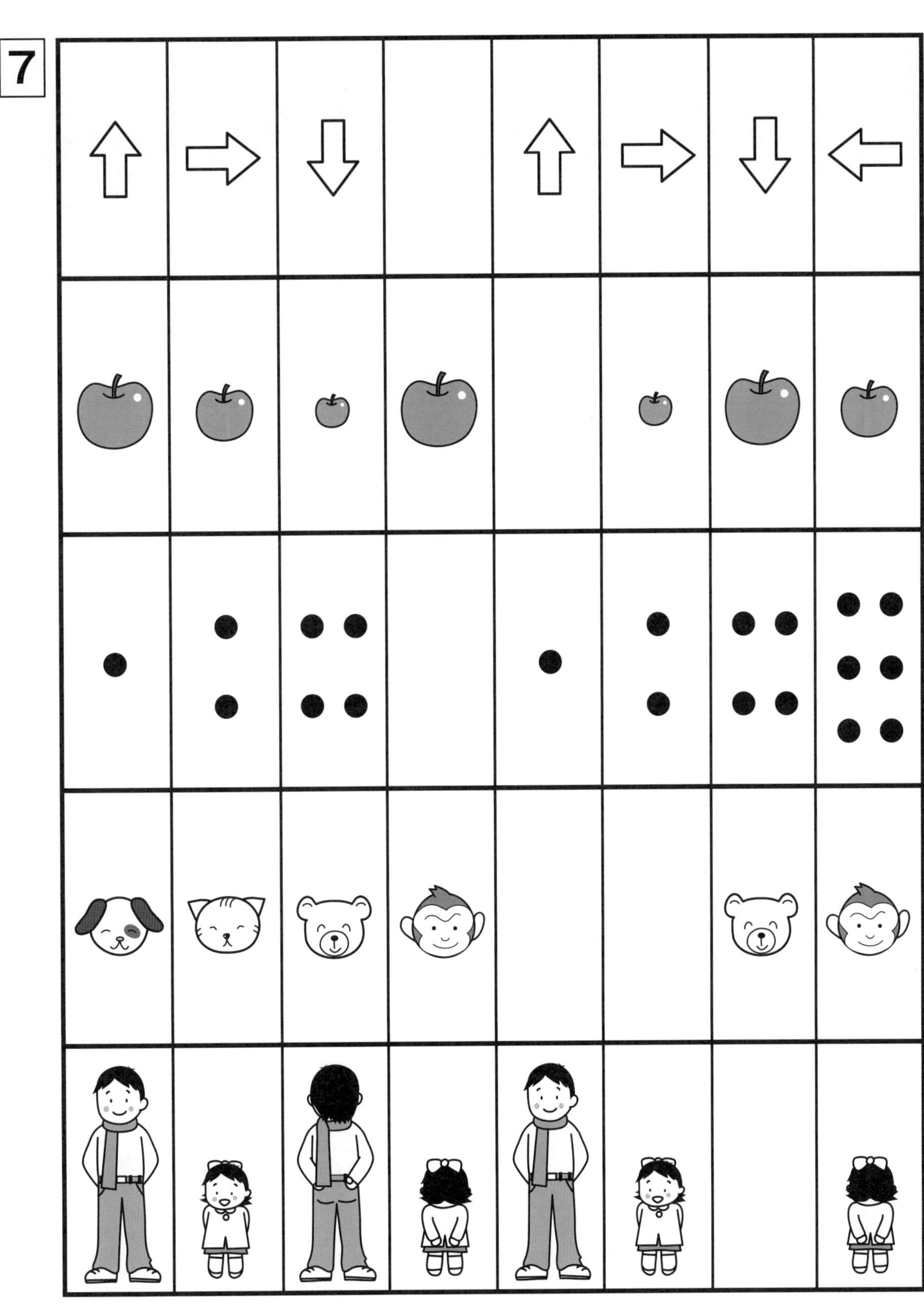

8

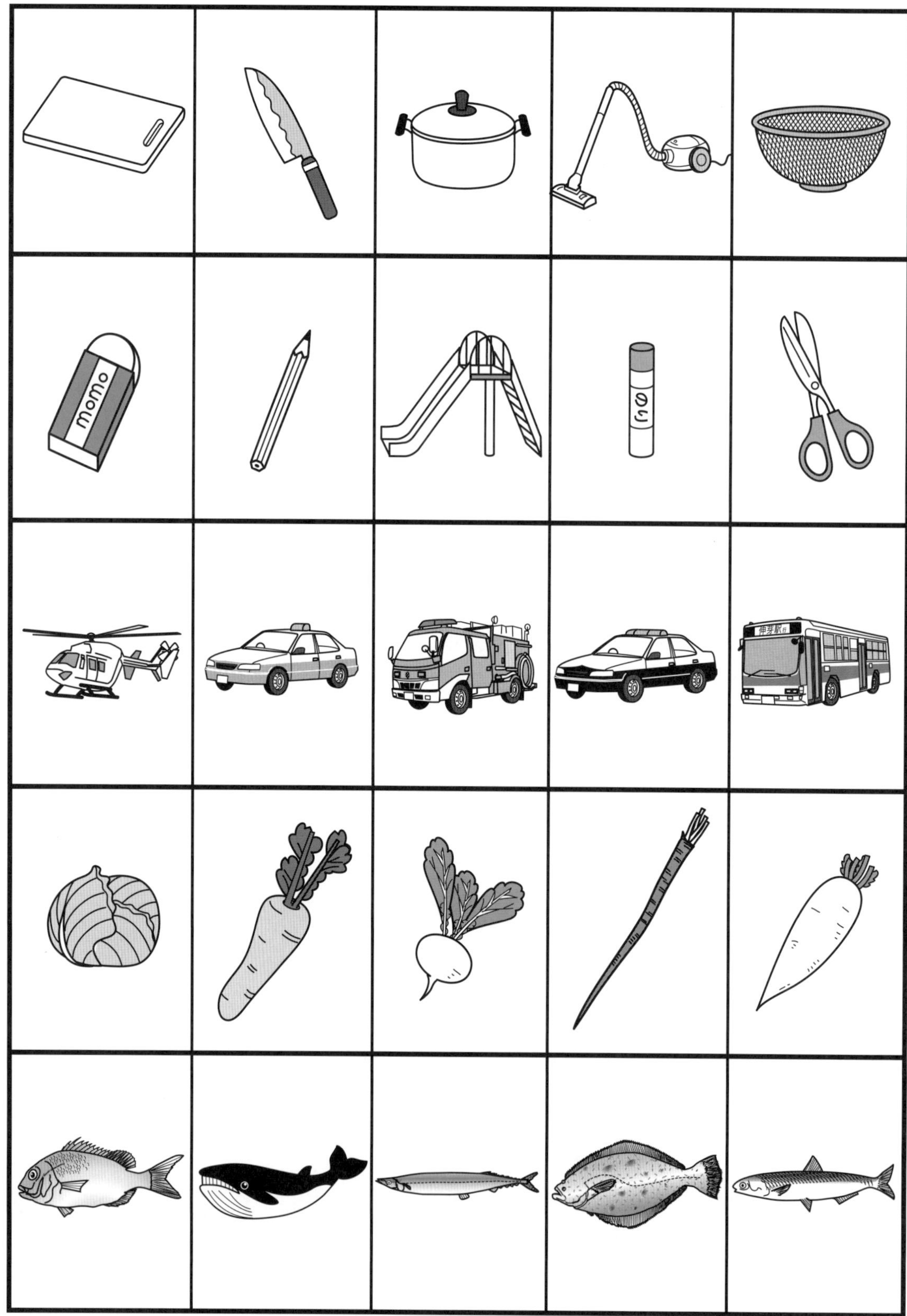

10

11

［過去問］　2024

昭和女子大学附属 昭和小学校 入試問題集

解答例

＊ 解答例の注意

この解答例集では、ペーパーテスト、個別テスト、集団テストの中にある□数字がついた問題の解答例のみを掲載しています。それ以外の問題の解答はすべて省略していますので、それぞれのご家庭でお考えください。（一部□数字がついた問題の解答例の省略もあります）

Shinga-kai

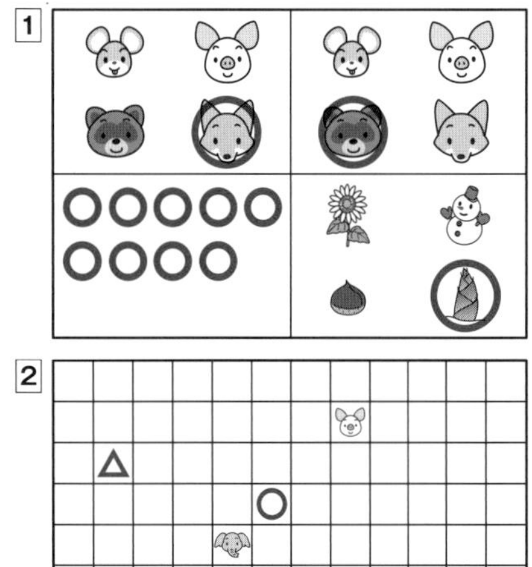

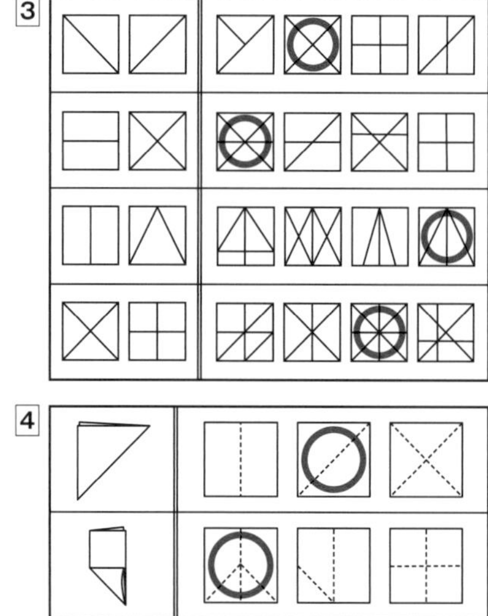

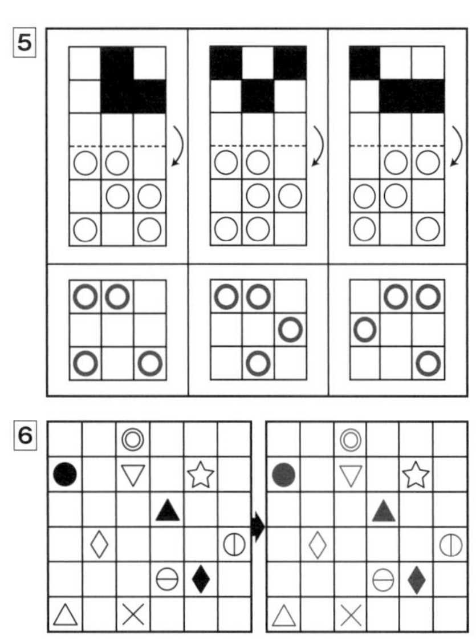

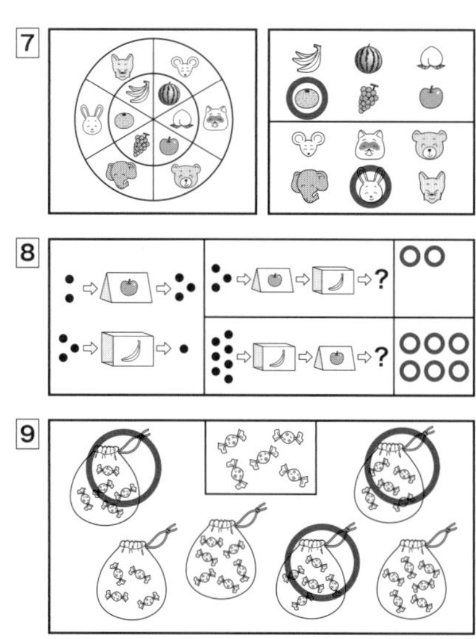

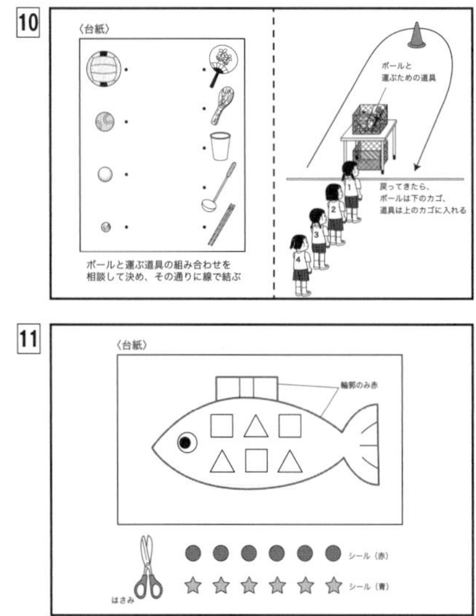
〈台紙〉
ボールと運ぶ道具の組み合わせを
相談して決め、その通りに線で結ぶ
ボールと
運ぶための道具
戻ってきたら、
ボールは下のカゴ、
道具は上のカゴに入れる
〈台紙〉
輪郭のみ赤
シール（赤）
シール（青）
はさみ

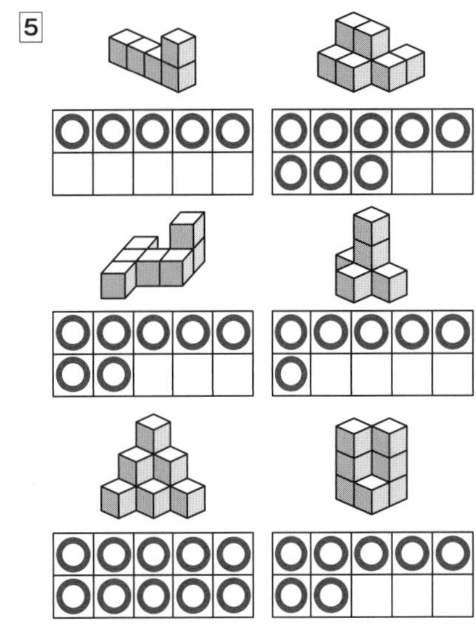

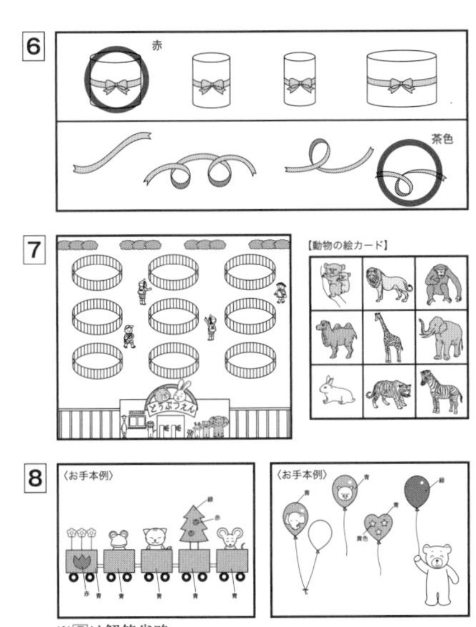

※7は解答省略

1

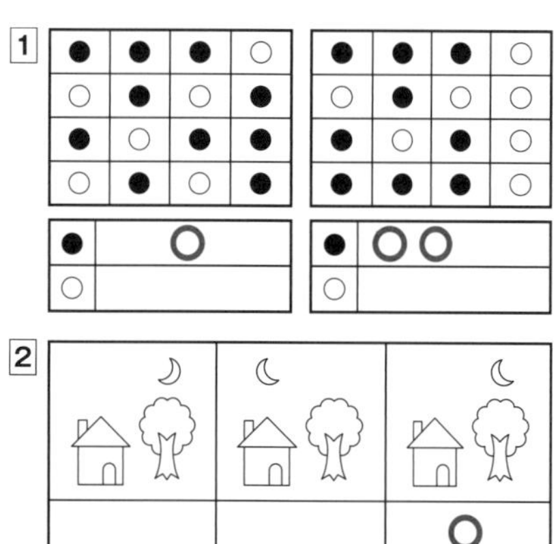

2

3

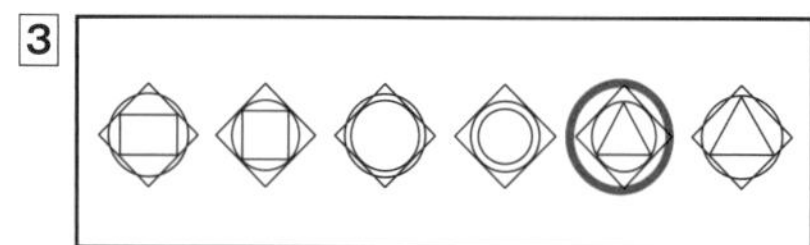

4

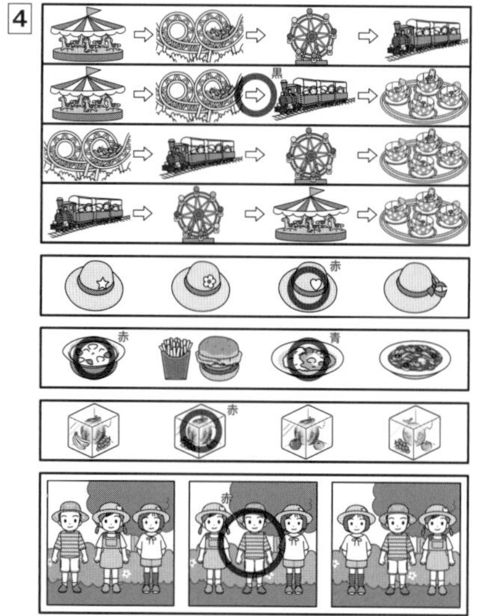

5

6

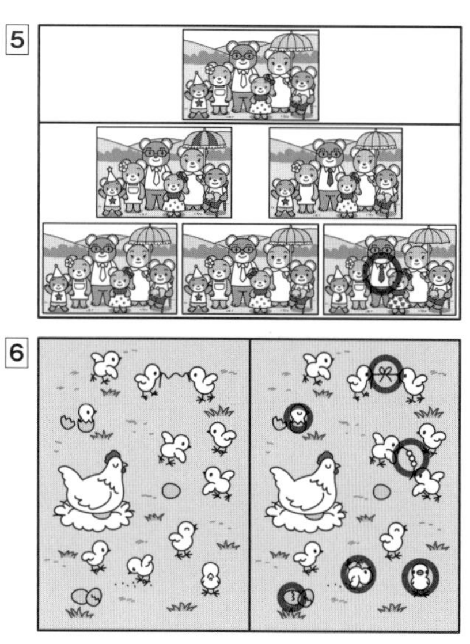

7

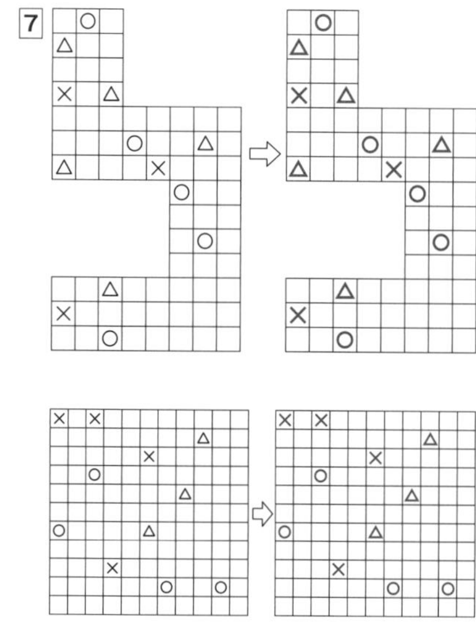

8

9

10 〈カード例〉

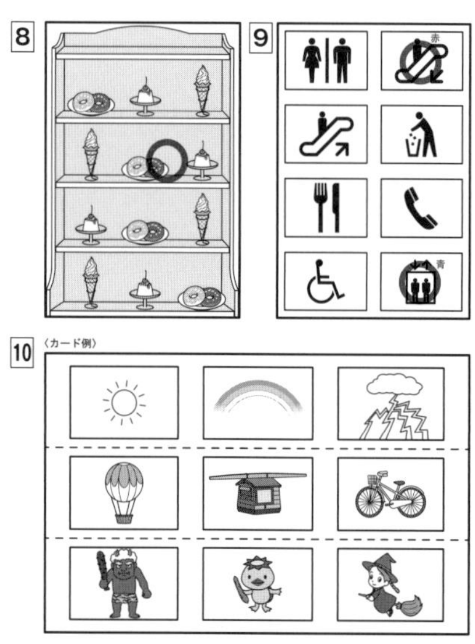

2020 解答例

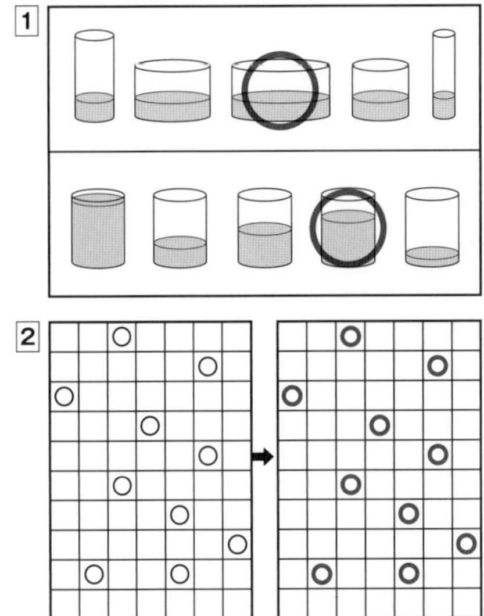

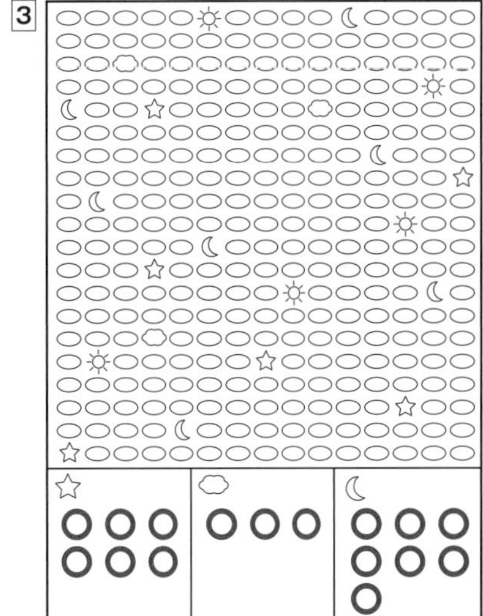

※5－Aは解答省略

※5－Bは解答省略

2019 解答例

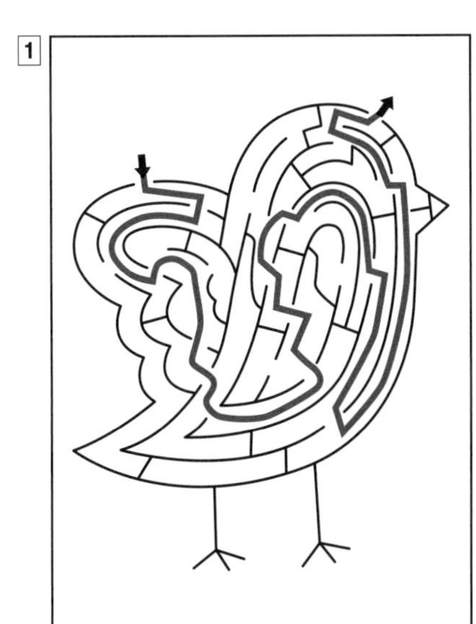

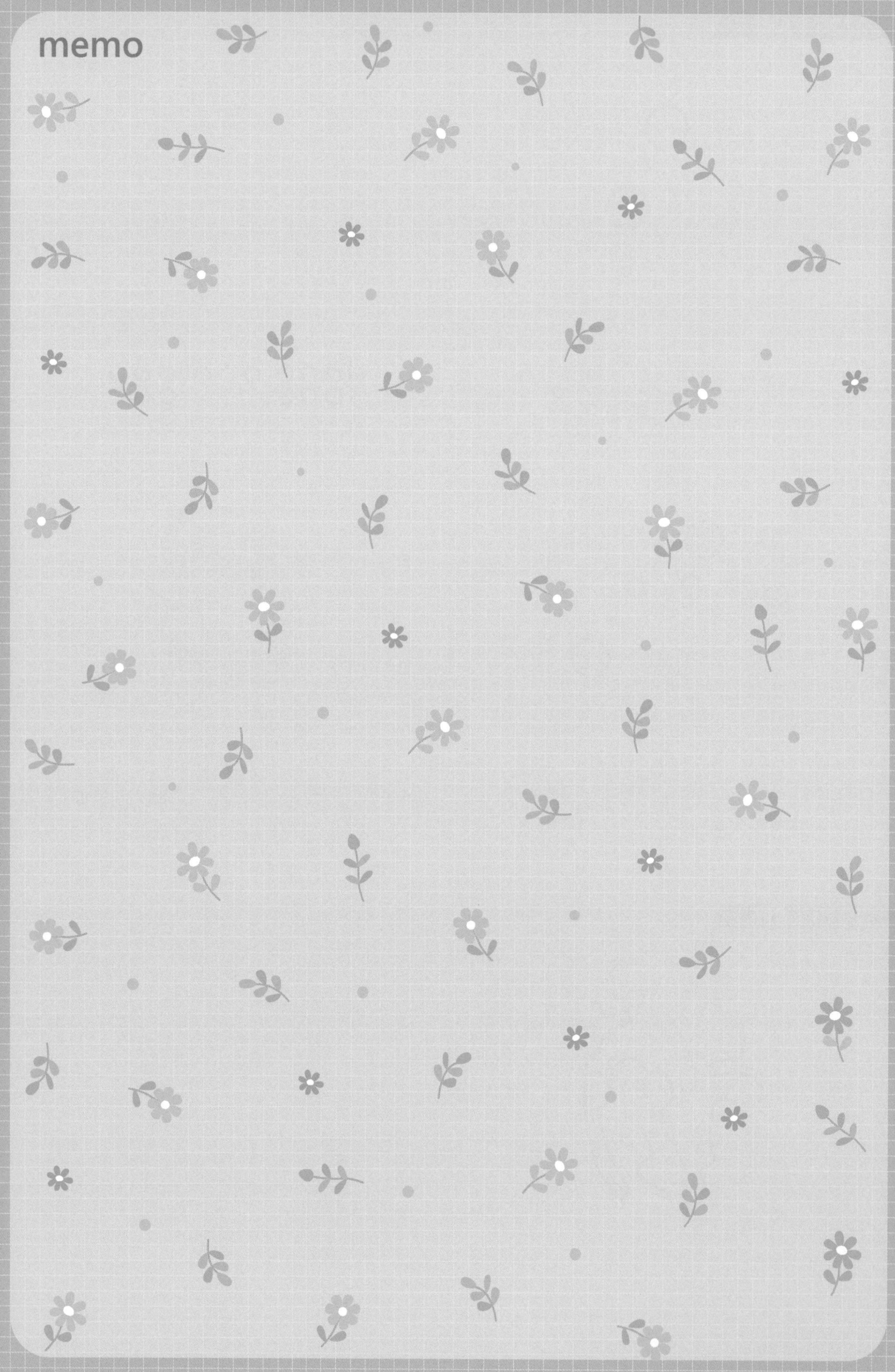
memo

［過去問］　2024

サレジアン国際学園目黒星美小学校 入試問題集

解答例

解答例の注意

この解答例集では、ペーパーテスト、個別テスト、集団テストの中にある□数字がついた問題、入試シミュレーションの解答例を掲載しています。それ以外の問題の解答はすべて省略していますので、それぞれのご家庭でお考えください。（一部□数字がついた問題の解答例の省略もあります）

Shinga-kai

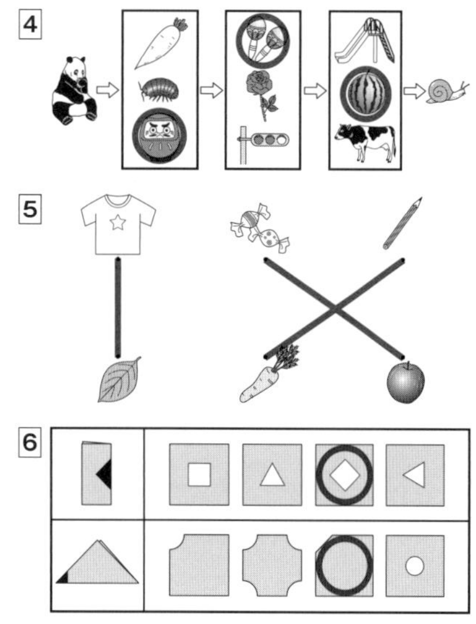

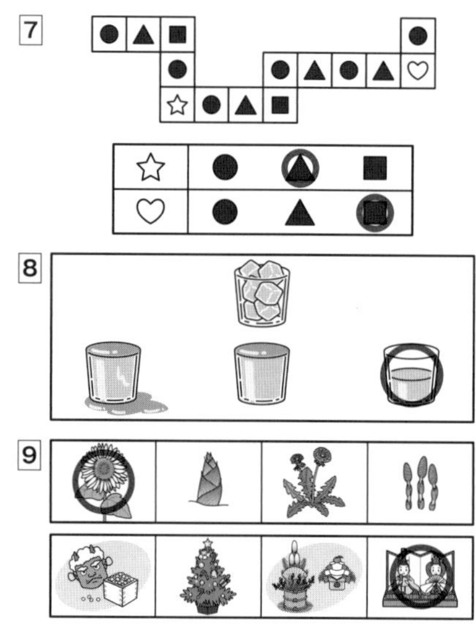

※⑩と⑪の理由は解答省略

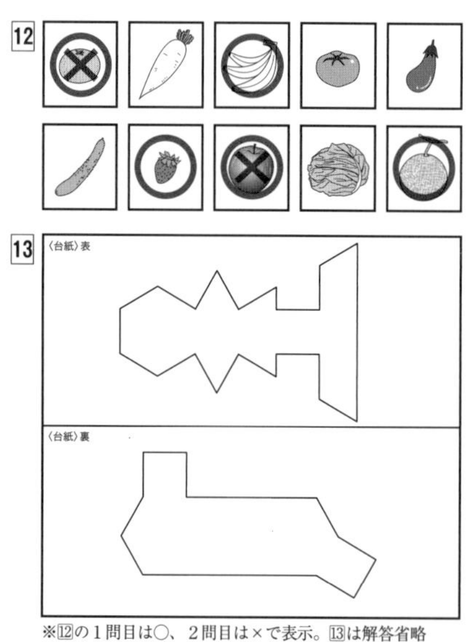

※⑫の１問目は○、２問目は×で表示。⑬は解答省略

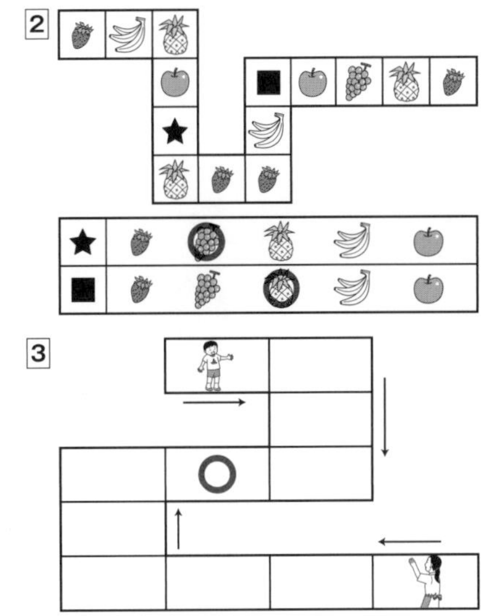

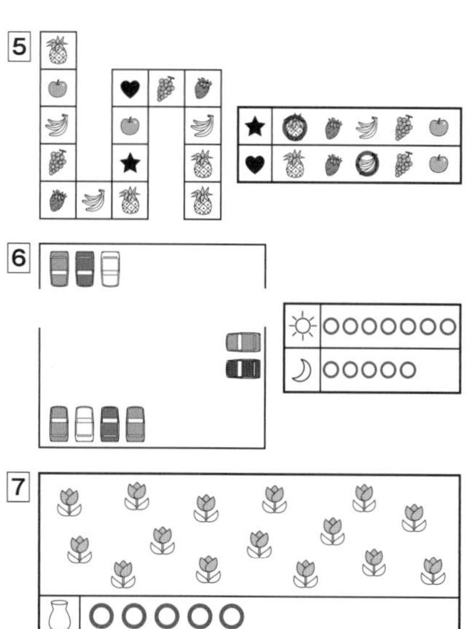

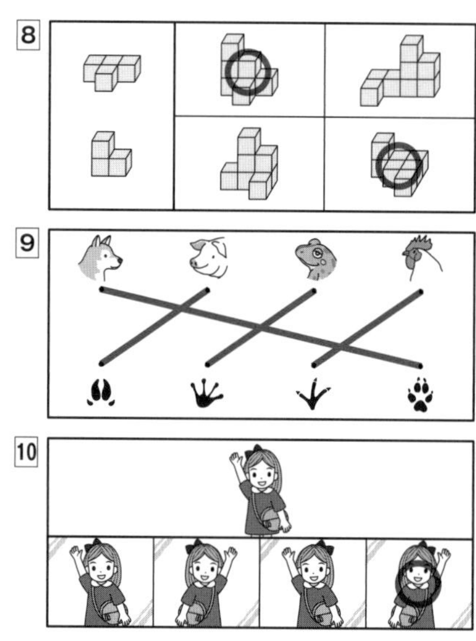

※⑪、⑫は解答省略

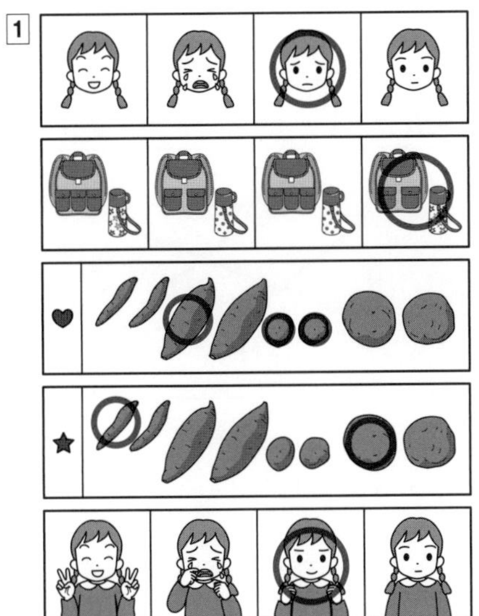

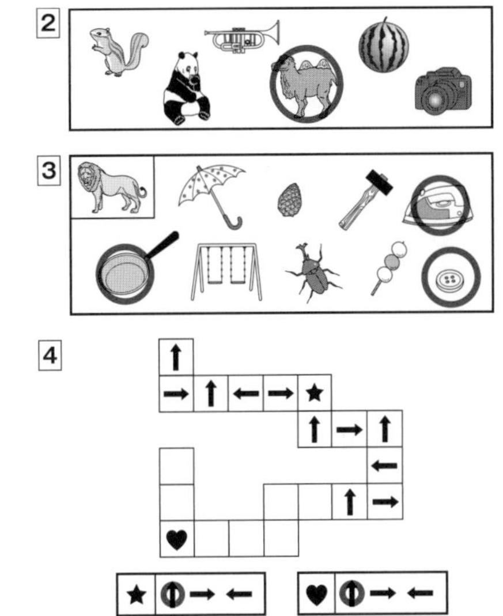

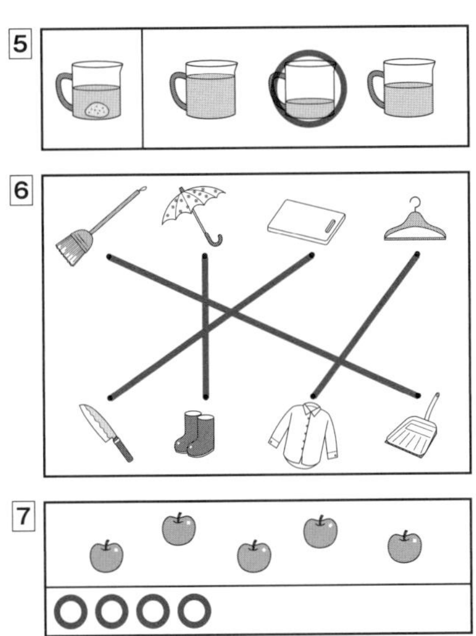

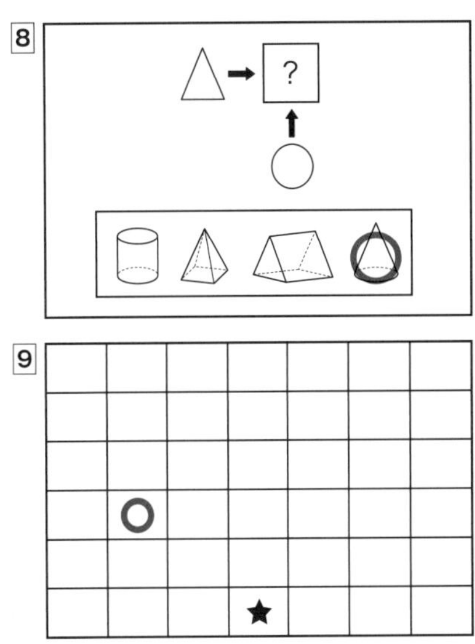

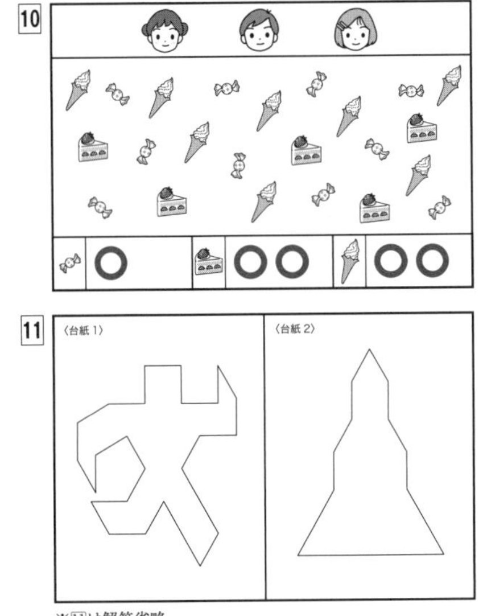

※11は解答省略

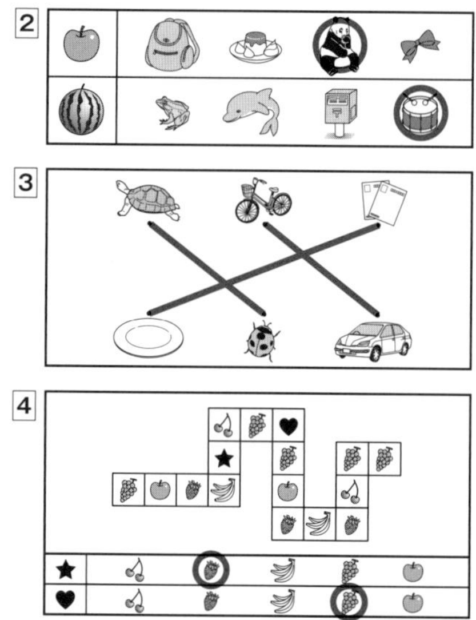

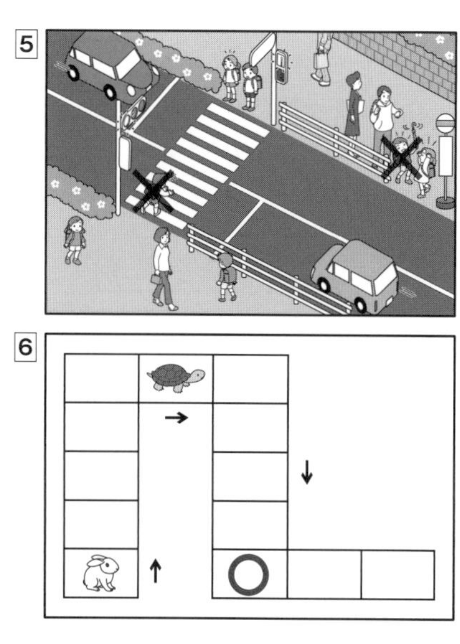

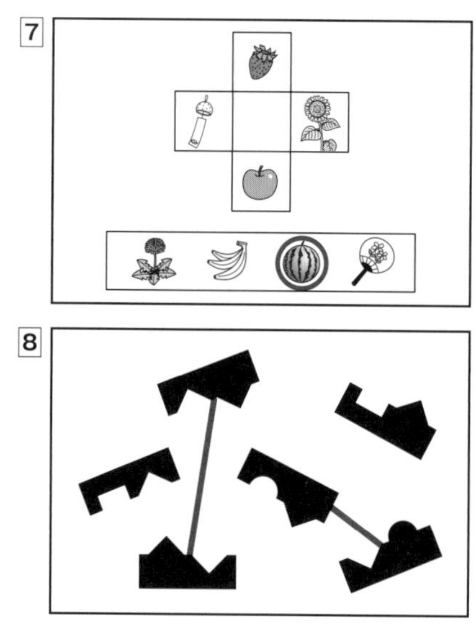

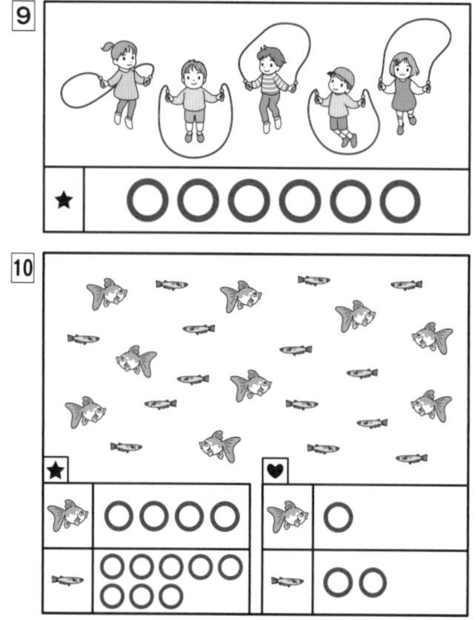

※1の4問目は解答省略

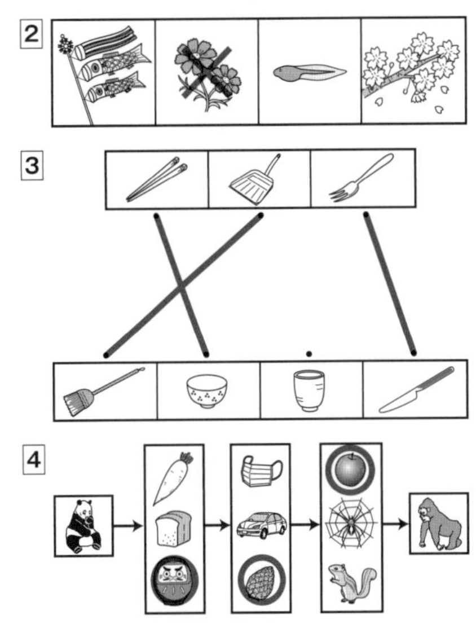

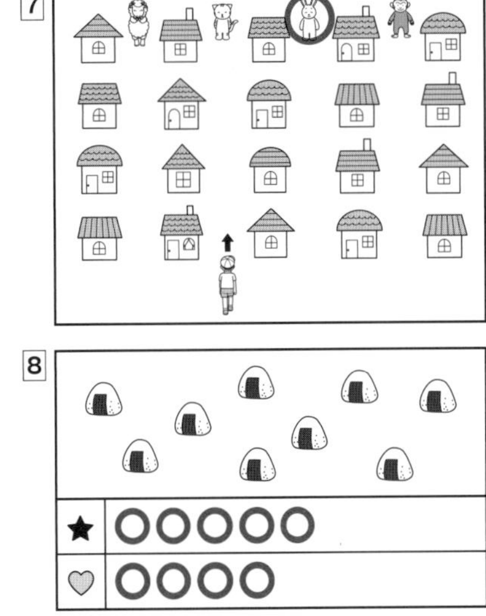

※10は解答省略

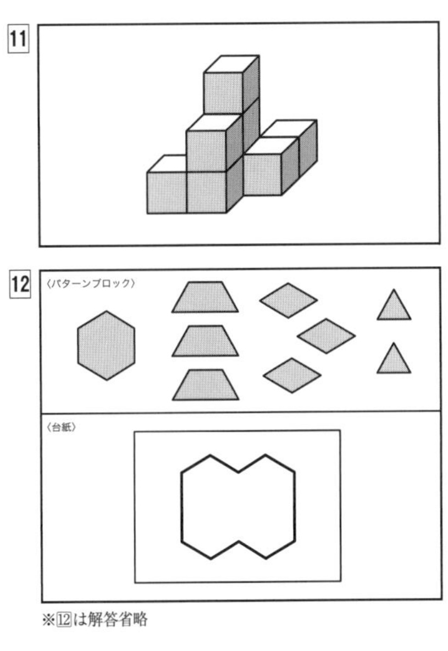

※12は解答省略

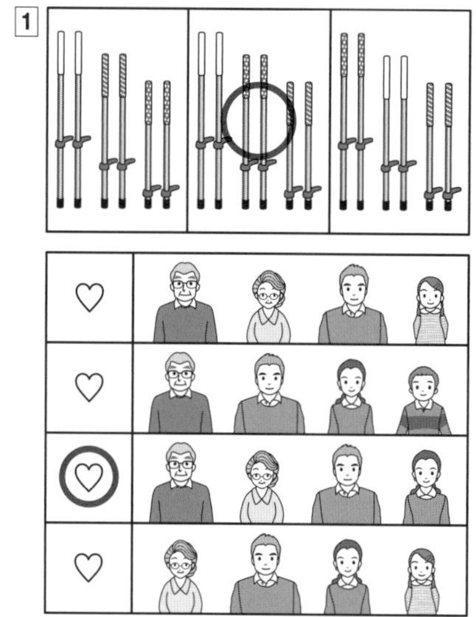

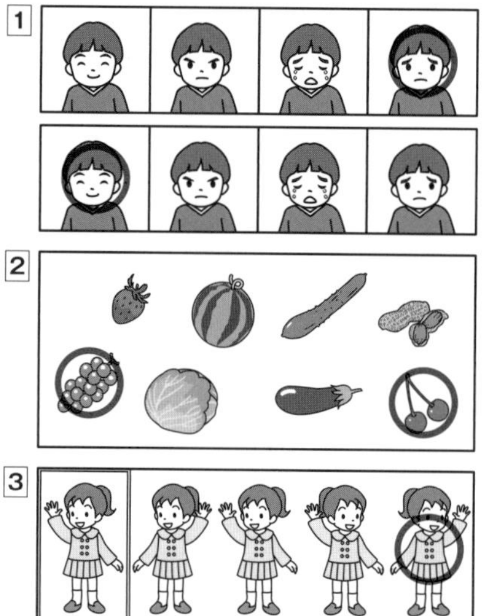

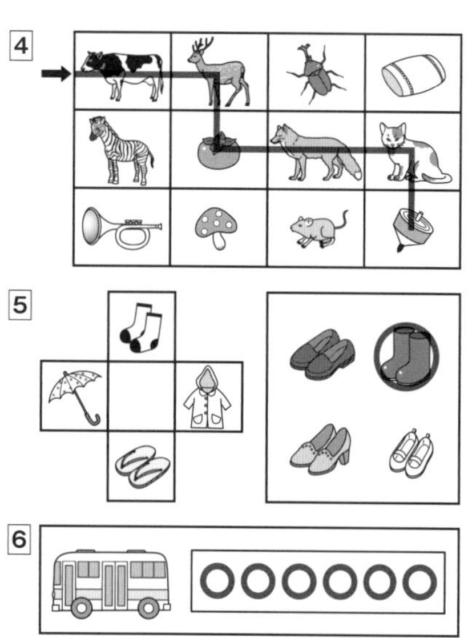

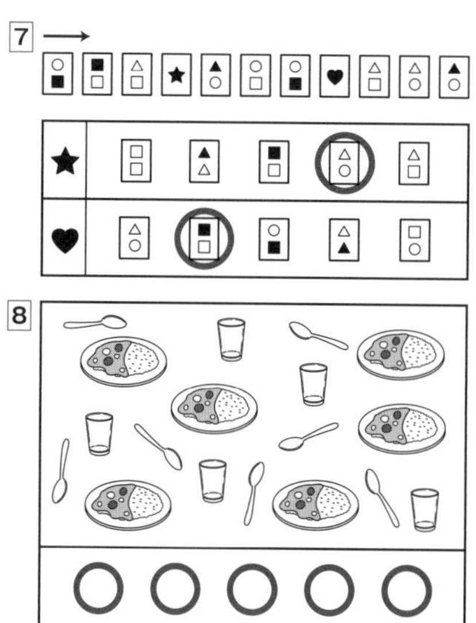

※⑩は解答省略

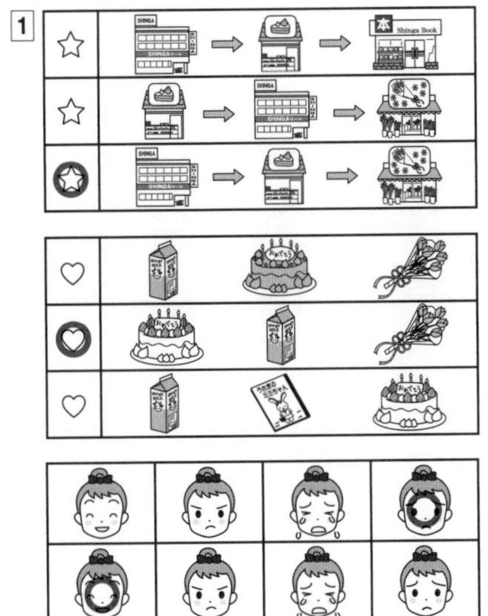

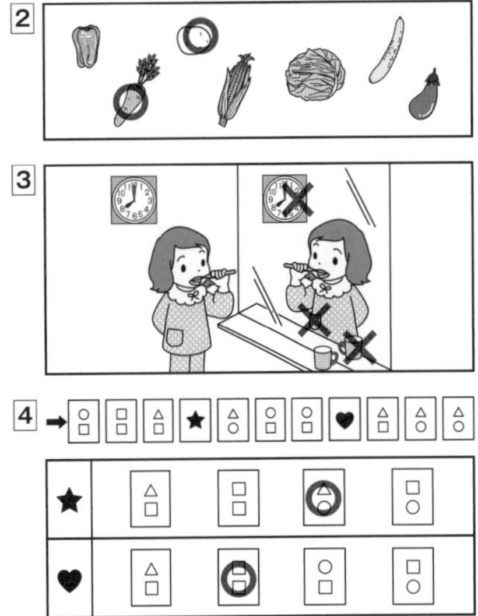

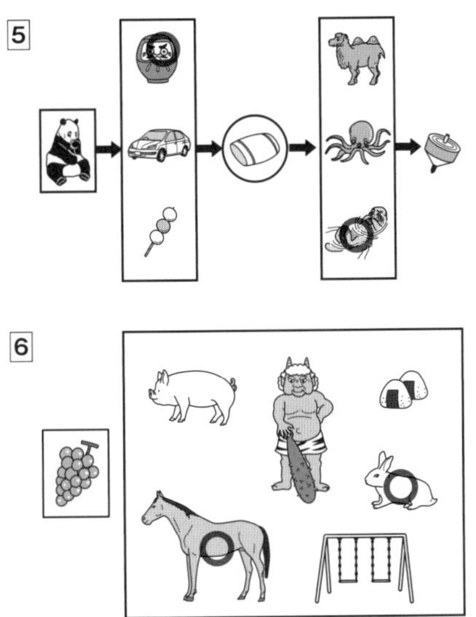

※⑨の1問目、⑩は解答省略。⑨の2問目はⒶⒷⒸで表示。
⑪は複数解答あり

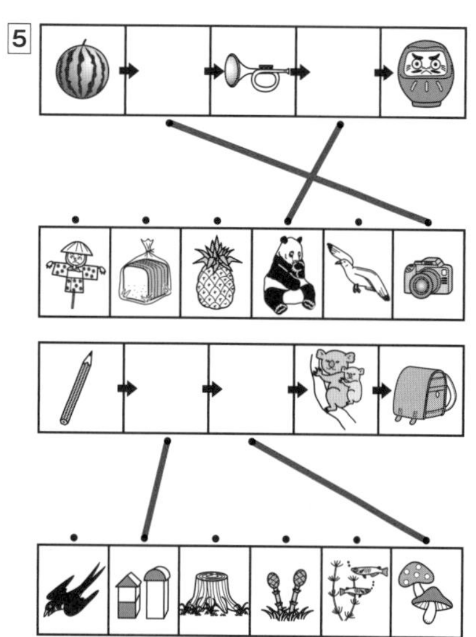

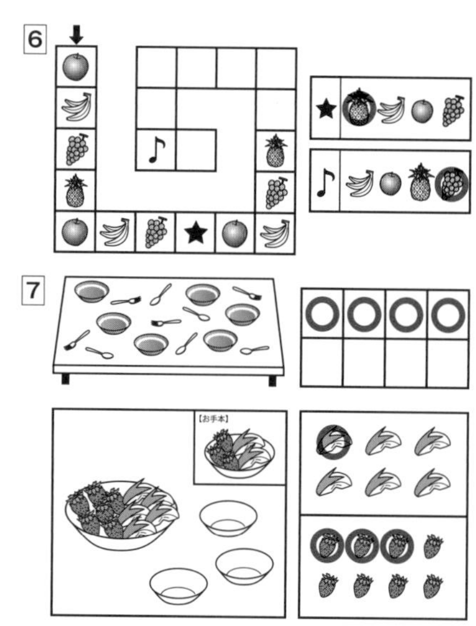

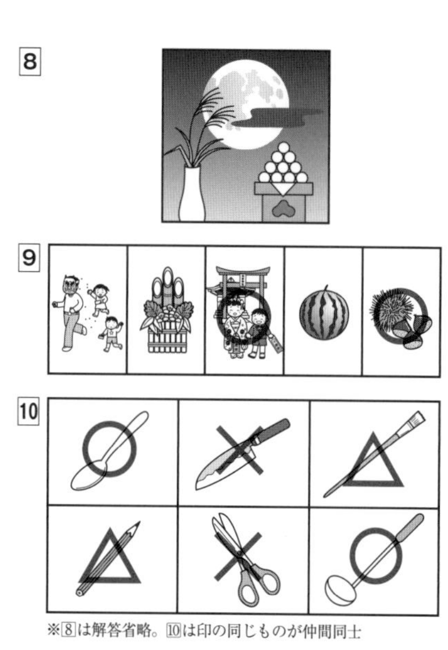

※8は解答省略。10は印の同じものが仲間同士

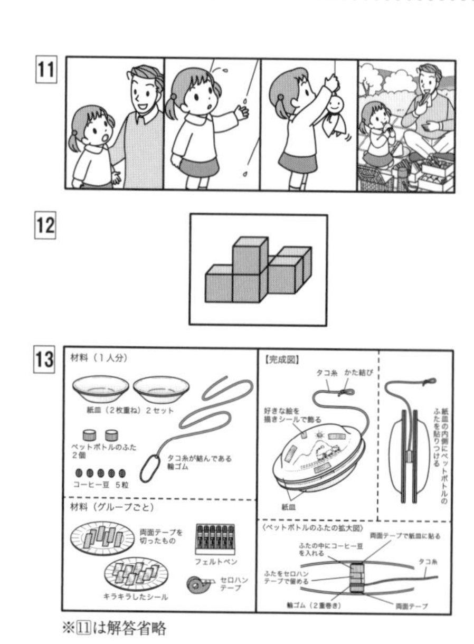

※11は解答省略

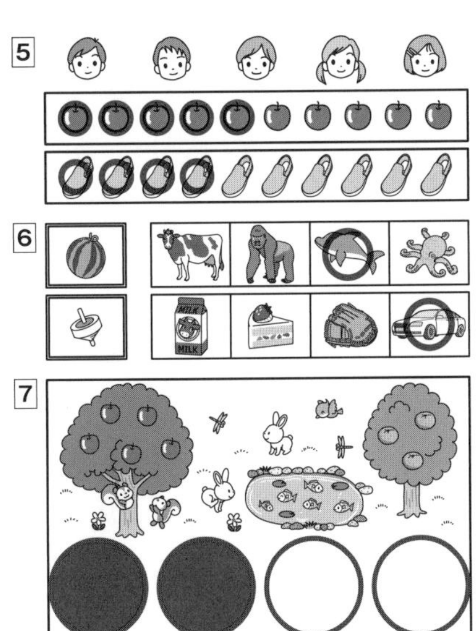

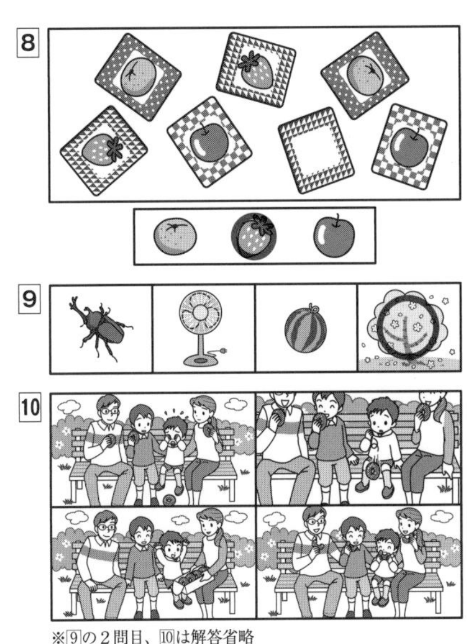

※9の２問目、10は解答省略

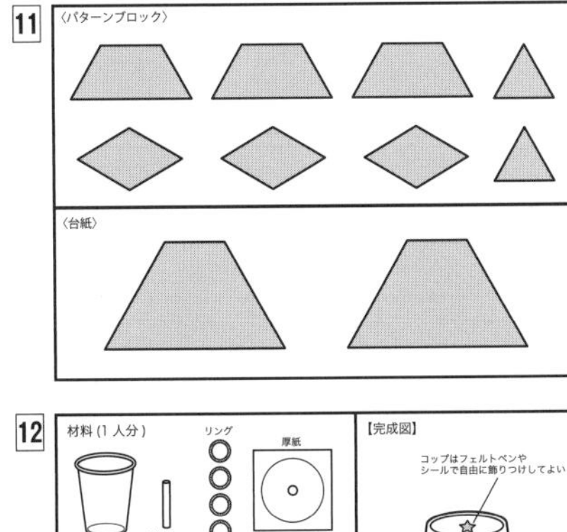

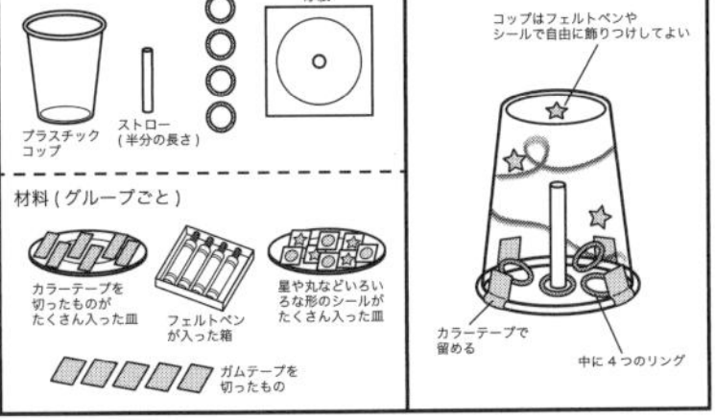

※11は解答省略

1
KOBAN

2

3
4

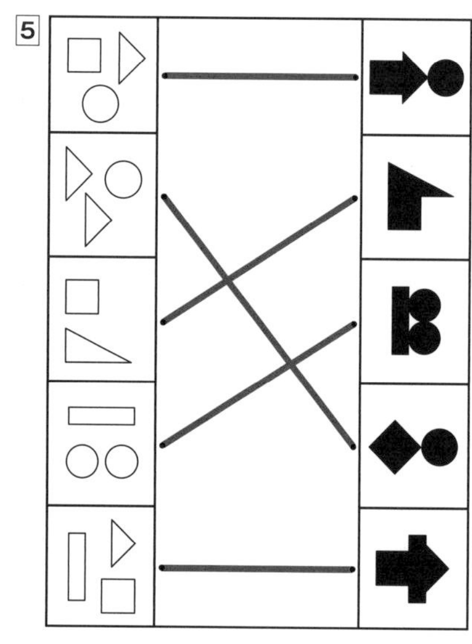
5

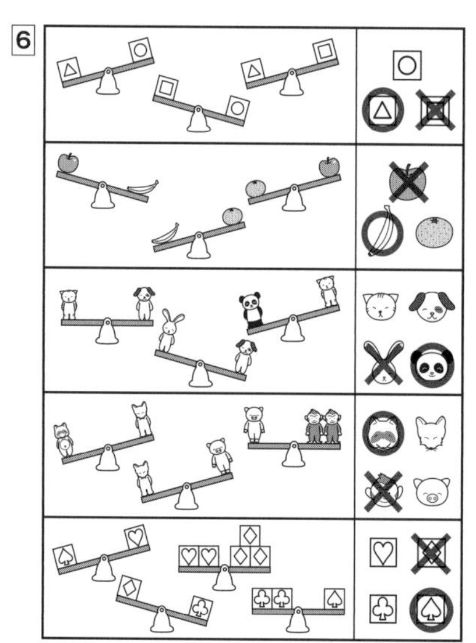
6

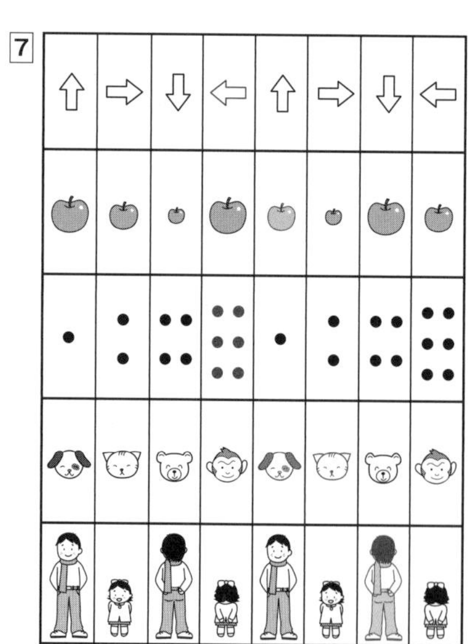
7

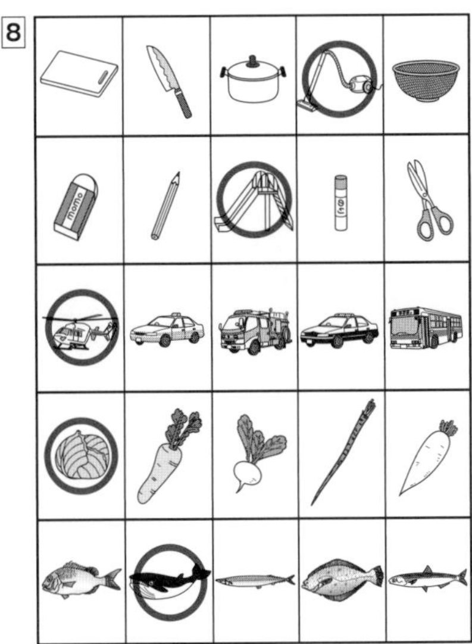

※8の理由は省略

※9の話は省略

※10の理由は省略

※11は解答省略

Shinga-kai